Schlankwandern

Clemens M. Hutter

# SCHLANKWANDERN

## 80 HÖHENWEGE DURCH DAS SALZBURGER LAND

**VERLAG ANTON PUSTET**
Salzburg – München

**Clemens M. Hutter**
Dr. phil., war Ressortchef für Außenpolitik bei den „Salzburger Nachrichten", ausgezeichnet mit dem Konrad-Lorenz-Staatspreis, Publikationen zu historischen und ökologischen Themen, Verfasser zahlreicher Bildbände, Wander- und Tourenführer im Verlag Anton Pustet.

Die Deutsche Bibliothek – CIP-Einheitsaufnahme

Hutter, Clemens M.:
Schlankwandern / Clemens M. Hutter. - Salzburg ; München : Pustet, 2000
ISBN 3-7025-0409-5


A-5020 Salzburg, Bergstraße 12

Gedruckt in Österreich.
Bilder: Clemens M. Hutter
Titelbild: G. Schrofner
Karten: Andreas Bachmayr
Lektorat: Claudia Anderle
Layout: Sieglinde Leibetseder
Druck: Salzburger Druckerei
ISBN 3-7025-0409-5

# *Inhalt*

# *Schlankmacher Höhenwandern*

Ein Team von österreichischen Wissenschaftern unter Leitung von Univ.-Prof. Egon Humpeler bewies im Reihentest, daß ein Wanderurlaub in Höhen zwischen 1400 und 2000 Metern besonders an den sonst so hartnäckigen Fettdepots im Körper zehrt. Auf diese Weise verloren die Testpersonen im Alter zwischen 39 und 65 Jahren bei Normalkost in drei Wochen Wanderurlaub zwei Kilo Gewicht – fast nur Fett. Erhöhter Bedarf an Energie bei nicht erhöhter Zufuhr an Lebensmitteln baut also Gewicht ab; daher Zufuhr gleich belassen und Belastung erhöhen. Die Wissenschafter wiesen nach, daß so ein Wanderurlaub in den Bergen jene Probleme vermindert, die unsere Zivilisation der Gesundheit bereitet: Mit dem Gewicht sinken Bluthochdruck sowie zu hohe Fett- und Zuckerwerte im Blut. Gleichzeitig steigt die Leistung von Herz und Kreislauf. Allein der Aufenthalt in mittlerer Höhe bewirkt einen Effekt wie moderates Training in Tallagen. Ein Wanderurlaub in mittleren Höhenlagen hebt deutlich und anhaltend eine zunehmend positive Einstellung zum Leben, er verbessert die Qualität und Dauer des Schlafes und verkürzt die Reaktionszeiten. Humpeler folgert daraus, daß die Mobilisierung der körperlichen Leistungsfähigkeit durch mäßige Dauerbelastung in mittleren Höhen den unschätzbaren physiologischen Erholungswert eines Urlaubs ausmacht. Und er schreibt einen geglückten Urlaub drei medizinischen Grundelementen zu: „Erholung, Fitness/Wellness und Erlebnis. Sie sind im Berg- und Wanderurlaub enthalten" – im Gesamterlebnis aus Aufenthalt und Bewegung im Bergland.
Folgerichtig rechnet es Humpeler dem Tourismus als großes Verdienst an, die medizinische Urlaubsforschung im Dienst der Freizeitgesellschaft zu unterstützen. Immerhin machen jährlich an die 60 Millionen Menschen Urlaub in den Alpen; 80 Prozent der Österreich-Urlauber wollen wandern. Offensichtlich gewinnen sie dabei gesteigertes Wohlbefinden.

# *Erst bedenken, dann gehen*

**ZIEL** Der Weg ist ausnahmsweise das Ziel, nämlich der Höhenweg – und nicht der Gipfel.
**LEISTUNG** Zweck dieses Wanderprogramms ist die mäßige Dauerbelastung in mittleren Höhen, weil sie Fettpolster anzapft und den Körper auf Vorstöße zu Dreitausendern vorbereitet. Daher ersetzen Aufstiegshilfen die Belastung durch längere Anstiege, die im Durchschnitt um die 500 Höhenmeter betragen und in Ausnahmefällen bis an die 1000 Höhenmeter reichen.
**DOSIS** Die meisten dieser Wanderungen enden zielsicher am Ausgangspunkt. So liegt es am Wanderer, ob er den Wendepunkt am vorgeschlagenen Ort oder schon früher ansetzt, damit jede Wanderung Wohlbefinden erzeugt.
**ORGANISATION** Etliche Wanderungen enden in anderen Talorten. Erfahrung rät dazu, die Organisation so einer Wanderung vom Ende her aufzuziehen: Wann bietet sich welches Transportmittel als vorletzte Möglichkeit für die Rückkehr an? Von diesem Zeitpunkt die Wanderzeit plus 30 Prozent für Rasten, Schauen und Staunen zurückgerechnet, ergibt die Startzeit. Diese wiederum hängt davon ab, wann der erste Transport mit der Aufstiegshilfe möglich ist.
**GEHZEIT** Eine bewährte Faustregel berechnet die Gehzeit so: Je eine Stunde für vier Kilometer Distanz und 400 Höhenmeter Anstieg. Der kleinere Wert wird halbiert und dem größeren zugezählt, das ergibt die Gehzeit. Beispiel: 18 Kilometer (4,5 Stunden) und 800 Höhenmeter (2 Stunden halbiert) macht 4,5 Stunden plus eine, also 5,5 Stunden. Die Gehzeiten in diesem Wanderbuch sind im Regelfall reichlicher bemessen, als diese Formel ergabe.
**SENIOREN** Die Auswahl der Routen nahm sehr bewußt Rücksicht auf Senioren: Ihnen sollten intensiver belastende Anstiege erspart und die Möglichkeit offen bleiben, den Wendepunkt (also die Halbzeit) einer Höhenwanderung ganz nach dem persönlichen Wohlbefinden zu bestimmen.
**KINDER** und Jugendliche finden Höhenwanderungen

längst nicht so lustig wie (gesicherte) Kraxlereien auf den Wegen zu Gipfeln. Soferne einem nicht Unterhaltsames, Abenteuerliches und Spannendes für Höhenwanderungen einfällt, sollte man diese dem Nachwuchs ersparen, um ihm nicht die Freude an Bergen frühzeitig zu versalzen.

**AUSRÜSTUNG** ist keine Hexerei: Stabiles Schuhwerk mit Profilsohle, Wärmeschutz (z. B. Pullover) ist ohne Windschutz (Bluse aus Goretex) fast für die Katz', Sonnenschutz (Schirmkappe, Creme nicht unter Schutzfaktor 12, Sonnenbrillen möglichst mit „Scheuklappen"), Stöcke, stabiles Schönwetter.

**„TALHATSCHER"** sind zwar nicht jedermanns Lust, trotzdem stehen deren vier in diesem Wanderbuch, weil sie in idealer Höhenlage stattfinden und eine historisch oder ökologisch ausnehmend erlebnisreiche Landschaft erschließen.

**VERPFLEGUNG** Trinken ist viel wichtiger als Essen. Wasser ohne Elektrolyt reicht für den durchschnittlichen Bedarf. Fettkost (Speck, Wurst, Käse) meiden, weil sie lange im Magen liegt, mehr Sauerstoff zur Energiegewinnung verbraucht als Kohlehydrate und daher die Leistung mindert.

**WEGBESCHREIBUNG** und Kartenskizzen (rund 20 einfache Routen benötigen keine Skizzen) ersetzen keinesfalls die gute Landkarte im Maßstab 1:50.000. Unseren Bedarf decken die Wanderkarten von „Kompass" und „freytag & berndt"; genauer sind die Österreichkarten des Bundes und die AV-Karten 1:25.000, sie kommen aber wegen der kleinen Ausschnitte erheblich teurer. Örtliche Wanderkarten im Maßstab 1:35.000 verwirren leider häufig den, der ohnedies mühsam genug das Gefühl für den Maßstab 1:50.000 entwickelt. Der sichere Umgang mit dem Höhenmesser dient vor allem der Bestimmung der Wettertendenz.

**MARKIERUNGEN** sind zuweilen verwirrend, weil sich jene des Alpenvereins mit jenen von Weitwanderwegen oder lokalen Zählweisen überlappen. Wir halten uns fast ausschließlich an die Markierungen des Alpenvereins und geben unter jenen für Weitwanderer dem „Arnoweg" rund durch das Land Salzburg den Vorzug.

# *Voralpen*

*Blick vom Genner auf (von links) Gruberhorn, Schmittenstein und Regenspitz.*

Das sind die sanften Berge, die von der Seenplatte im nördlichen Flachgau gemächlich ansteigen, als Osterhorngruppe immer höhere Wellen bilden und schließlich abrupt in das Lammertal abbrechen. Trotz der ausgedehnten Wälder nennen wir sie wegen einer Besonderheit Grasberge: Von reichem Kulturland in der Ebene kriechen die Bauernwiesen auf gut 1000 Meter Höhe hinauf und gehen dort unmerklich in beinahe endlose Almböden über, die sich zu breiten Rücken und flachen Kuppen krümmen. Gelegentlich sticht dann ein Felsturm aus dieser lieblichen Landschaft – vermutlich um Anspruch auf alpinen Respekt anzumelden. Charakteristisch dafür ist der klotzige Schmittenstein. Der felsige Gipfelaufbau gibt ihm das Aussehen einer gewaltigen Festung, die – so tuschelt die Fama – sogar Napoleon beeindruckt hat. Auf den zweiten Blick erkennt man auch, daß da etliche Felsfestungen unter Grashängen verborgen sind. Diesen Eindruck vermittelt die streng horizontale Schichtung des Gesteins, das in Höhen zwischen 1500 und 1700 Metern als scharf abbrechendes Felsband hervortritt. Die Erosion wird wohl noch 15 Millionen Jahre brauchen, bis sie den „Überbau" dieser Felsbänder abgetragen hat und

weitere Burgen nach der Art des Schmittensteins auf die Bergkämme zaubert.
Die Gipfelhöhen dieser Voralpen kommen knapp an die 1800 Meter heran. Genau das macht den Reiz dieser Formation aus: Langer Herbst und frühes Frühjahr und daher eine ausnehmend lange Wanderzeit. Und auf den weiten Almböden weidet auch heute noch Vieh, wenn auch längst nicht mehr so viel wie vor zwei Jahrhunderten.
In seiner Topographie Salzburgs von 1796 schreibt Lorenz Hübner über die ausgedehnte Postalm und die Böden rings um die Illinger Almen: „Manche Bauern treiben 30 bis 40 Stück Vieh auf diese Alpen, welche mit vortrefflichen Futterkräutern gesegnet sind, so daß man den ganzen Viehstand auf den Alpen von 259 Teilhabern zwischen 7000 und 10.000 Stück annehmen kann. Der meisten Sendinnen Lieblingsgetränke ist Branntwein, wobey sie sich auch sehr wohl befinden. Wöchentlich liefern sie von der gesammelten Milch Butter, Schotten, Schmalz und Käse."
Andrerseits zieht die streng horizontale Schichtung des Gesteins, das an steileren Hängen in Höhen zwischen 1500 und 1700 Meter durch scharf abbrechende Felsbänder hervortritt.

## KÖNIGSBERGALM 1

***Städter retten ein idyllisches Hüttendorf***

*Anfahrt nach St. Gilgen, Auffahrt mit der Zwölferhornbahn (Info Tel. 06227/2350).*
*Start und zugleich höchster Punkt Zwölferhorn 1522 m, tiefster Punkt und zugleich Ziel Königsbergalm 1218 m. Insgesamt 11 km, 550 Höhenmeter Anstieg, 4 Stunden Gehzeit.*

Von der Bergstation der Zwölferhornbahn wandern wir auf dem bequemen Weg Nr. 855 über den ausgeprägten Kamm südwestwärts durch eine sanfte Senke hinüber auf den Pillstein und hinunter auf den flachen Boden der Pillsteinalm. Dort münden wir in einen Almweg ein, der sich im Wald unterm Illinger zu einer Forststraße weitet. Häufig bekommen wir einen eindrucksvollen Durchblick auf den breiten

## DER ALPINE JUNGBRUNNEN

*Systematische Analysen des Wanderurlaubens in mittleren Höhen durch Univ.-Prof. Egon Humpeler und sein Team bewiesen, daß zwischen 1400 und 2000 Meter Höhe schon Reize wirken, die den „Jungbrunneneffekt" auslösen. Geringerer Luftdruck senkt nämlich das Angebot an Sauerstoff auf ungefähr 85 Prozent des gewohnten Wertes auf annähernd 400 Meter Höhe. Der Körper reagiert darauf bei Anstrengung mit milder Atemnot und erhöhter Pulsfrequenz – und kompensiert das geringere Angebot an Treibstoff für unseren Körper (Sauerstoff) durch beschleunigten Puls und durch Vermehrung der Sauerstofftransporteure, der roten Blutkörperchen.*

*Zwar bekommt der Körper in Höhen zwischen 1400 und 2000 Metern durchaus genügend Sauerstoff. Dennoch reagiert er auf diesen Reiz, indem er mehr „junge" rote Blutkörperchen bildet, ohne aber deren Gesamtzahl zu erhöhen. Die roten Blutkörperchen „leben" 110 Tage und transportieren in ihrer „Jugend" eine deutlich höhere Fracht an Sauerstoff zu den Zellen.*

*Anfangs kurbelt der geringere Luftdruck in mittleren Höhen die Aktivitäten des Körpers stark an, drosselt sie dann aber auf den ökonomischen Bedarf, sobald sich das System Organismus den Bedingungen angepaßt hat.*

*Humpeler setzt diese Wirkung einem „Jungbrunnen" gleich: Mildes Ausdauertraining verbessert die Leistungsfähigkeit. Damit steigt das Wohlbefinden, also auch die Freude am Wandern und damit die Leistungsfähigkeit, die das Wohlbefinden hebt…*

*Gleichwohl stelle man in Rechnung, daß die Zufuhr an Sauerstoff mit je 1000 Metern um etwa zehn Prozent fällt. Allerdings bewirkt Wetterwechsel beträchtliche Schwankungen des Luftdrucks. Auf 2500 Meter Höhe kann Hochdruck die Höhe von weniger als 2300 Metern und Niederdruck immerhin mehr als 2700 Meter simulieren. Das erklärt, warum Niederdruck das Angebot an Sauerstoff vermindert und bei Bergwanderungen Kopfschmerzen, Schlappheit oder Unlust hervorrufen kann. Ein Höhenmesser zeigt deshalb nicht nur die Höhe, sondern auch Änderung des Drucks an. Das kann man mit Hilfe der Landkarte an markanten Punkten (Gipfel, Pässe, Hütten) exakt feststellen.*

Nordhang des Königsberghorns, der unter Skitouristen „Hang der 100 Schwünge" hieß, ehe er langsam vom Wald zurückerobert wurde.
An der Südseite des Illingers verwandelt sich die Forststraße wieder in einen Almweg, der uns direkt zum idyllischen Hüttendorf der Königsbergalm führt. Sie verdankt ihren Weiterbestand in einer Zeit, da die Viehwirtschaft längst nicht mehr so dringend auf Almen angewiesen ist, jenen vielen Städtern, die sich in etlichen Hütten sehr wohnlich eingemietet haben.
Rückkehr wie Hinweg.

## HOLZECKKAMM 2

***Auf der Schneide zwischen Lawinenzügen***

*Anfahrt nach St. Gilgen, Auffahrt mit der Zwölferhornbahn (Info Tel. 06227/2350).*
*Start Zwölferhorn 1522 m, höchster Punkt Königsberghorn 1621 m, tiefster Punkt Königsbergalm 1218 m, Ziel und zugleich Wendepunkt Holzeck 1603 m.*
*Insgesamt 19 km, 950 Höhenmeter Anstiege, 6,5 Stunden Gehzeit.*

Konditionell anspruchsvoll.
An die Wanderung zur Königsbergalm kann man den Weiterweg zum Holzeck als Test der Kondition anhängen.
Der Anstieg über 400 Höhenmeter zum Kreuz knapp unter dem Gipfel des Königsberghorns ist eher scharf, dafür aber überraschend zügig.
Als Lohn folgt eine herrliche Kammwanderung auf einem eher dürftig markierten, aber nicht zu verfehlenden und ungefährlichen Pfad über den unauffälligen Hochthron zum Holzeck. Diesen markanten Felsturm hoch über der weitläufigen Genneralm besteigen wir von seiner kurzen und zahmen Nordseite her.
Der Blick westwärts auf die kahle Ostflanke des Genners oder auch über die von Felsbändern durchzogenen steilen Grashänge östlich des Kammes zwischen Holzeck und Königsberghorn führen uns eindrucksvoll die Zerstörungskraft der Natur vor Augen.
An den Leeseiten der ob ihres Schneereichtums berühmten Osterhorn-Berge lagert der vorherrschende Nordwestwind riesige Schneemassen ab, die

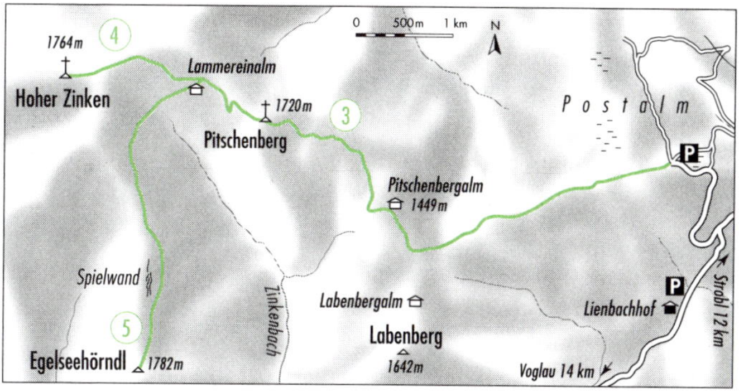


dann als Lawinen abgehen. Dabei reißen sie im Steilgelände häufig den Bewuchs bis auf das Gras mit, ehe der Wald 300 bis 400 Höhenmeter weiter drunten die Gewalt der Lawinen bricht. Deshalb kommen an der Leeseite keine Bäume und kaum etliche Latschen auf. Hingegen ist die Luvseite unseres Kammes – westseitig gegen Lämmerbach hin – vorwiegend schneearm und daher weit weniger von Lawinen verheert. Und das erklärt den starken Baumbestand, der den Abgang von Lawinen behindert und somit sich selbst schützt.
Auf dem Rückweg halten wir beim Abstieg vom Königsberghorn den Steig fest im Blick, denn gelegentlich verwandelt Feuchtigkeit erdige Passagen in seifige Rutschbahnen.

## POSTALM, PITSCHENBERG 1720 m 3

***Weite Sicht, sanfte Kuppen, lange Wege***

*Anfahrt über Strobl oder Golling und Voglau auf der Mautstraße zur Postalm. Start 1295 m, Ziel und zugleich höchster Punkt Pitschenberg 1720 m, insgesamt 8 km, 450 Höhenmeter Anstieg, 3,5 Stunden Gehzeit.*

Die weitläufige Postalm auf durchschnittlich 1700 Meter Höhe ist trotz der vielen Forststraßen ein ideales Wandergebiet und für die Anpassung an mittlere Höhen wie geschaffen – wenig intensive Anstrengung, dafür Ausdauer auf langen Wegen.
Wir stellen den Wagen auf dem obersten Parkplatz neben

der Postalm (Hütte und Kapelle) ab und machen uns westwärts auf den markierten Weg Nr. 840 über die weite Hochfläche. Zuerst queren wir eine Lifttrasse, dann kommen wir am Berggasthof Huber vorbei, schließlich rückt südseitig unseres Weges in einer Senke die Labenbergalm ins Bild. Bis hierher haben wir unmerklich 100 Höhenmeter auf gut zwei Kilometern Distanz überwunden.
Jetzt allerdings geht es bergan – anfangs durch ein Waldstück zur Pitschenbergalm; dann durch eine breite Rinne und einen breiten Grashang direkt auf den Gipfel.
Rückkehr wie Hinweg.

## POSTALM, HOHER ZINKEN 1764 m — 4

***Ein „goldenes Schüsserl" für den größten Durst***

*Anfahrt über Strobl oder Golling und Voglau auf der Mautstraße zur Postalm.*
*Start 1295 m, Ziel und zugleich höchster Punkt Hoher Zinken 1764 m.*
*Insgesamt 12 km, 900 Höhenmeter Anstieg, 5 Stunden Gehzeit.*
*Ab Pitschenberg zwei größere Gegenanstiege.*

Diese Wanderung ist ein Konditionstest, den man dem sanften Gelände der Postalm gar nicht zutraut. Zwei Gegenanstiege decken nämlich unnachsichtig auf, wie es um die Ausdauer bestellt ist.
Wir halten uns an Route 3 auf den Pitschenberg und folgen nun dem markierten Weg Nr. 840 über ein schütter bewaldetes Steilstück 200 Höhenmeter hinunter in einen Sattel neben der idyllisch gelegenen Lammereinalm. Hinter der Alm geht es etwas zäh in die flache Senke zwischen Osterhorn (1746 m) und Hohem Zinken (1764 m). Knapp unterhalb dieser Senke fließt eine Quelle, deren Namen „Goldenes Schüsserl" jeder Durstige als überaus sinnig empfindet.
Aus der Senke wandern wir westwärts über den breiten Rücken zum Kreuz auf dem Hohen Zinken. Wir stehen auf dem zweithöchsten Gipfel der Osterhorngruppe, deren Namensgeber unter diesen Grasbergen nur Rang vier nach Eglseehörndl und Trattberg einnimmt.

Bei der Rückkehr stellt sich noch ein kleiner Härtetest in den Weg: der Gegenanstieg auf den Pitschenberg.

## POSTALM, EGLSEEHÖRNDL 1782 m 5

***Zum höchsten Punkt der Osterhorngruppe***

*Anfahrt über Strobl oder Golling und Voglau auf der Mautstraße zur Postalm.*
*Start 1295 m, Ziel und zugleich höchster Punkt Eglseehörndl 1782 m.*
*Insgesamt 17 km, 1000 Höhenmeter Anstieg, 6 Stunden Gehzeit.*
*Ab Pitschenberg zwei starke Gegenanstiege.*

Mit dieser Wanderung läßt man sich auf einen Härtetest ein, den freilich die großartige Rundsicht auf fast zwei Dritteln des Weges ganz erheblich mildert. Man braucht allerdings Orientierungsvermögen, denn ab der Lammereinalm ist man auf das Erkennen von nicht markierten Steigspuren angewiesen. Diese Wanderung ist daher nur bei stabilem Schönwetter ratsam.
Erneut beginnen wir auf der Postalm und wandern über den Pitschenberg zur Lammereinalm. Hier verlassen wir den markierten Weg und schwenken südwärts auf den langen Kamm, der leicht ansteigend über die (sanfte) Spielwand weist und auf dem Gipfel endet. Hier genießen wir einen jener herrlichen Punkte in den Salzburger Voralpen, der das Gefühl von Einsamkeit vermittelt. Der Preis dafür ist allerdings gute Ausdauer.
Rückkehr wie Hinweg.

## POSTALM, BODENBERG 1526 m 6

***Ein kleiner Balkon mit großartiger Rundsicht***

*Anfahrt über Strobl oder Golling und Voglau auf der Mautstraße zum Parkplatz beim Lienbachhof auf der Postalm.*
*Start 1220 m, höchster Punkt und zugleich Ziel Bodenberg 1526 m.*
*Insgesamt 15 km, 400 Höhenmeter Anstieg, 4,5 Stunden Gehzeit.*

Dieser Ausflug durch völlig unberühmtes Gelände auf einen kleinen Nachbarn so promi-

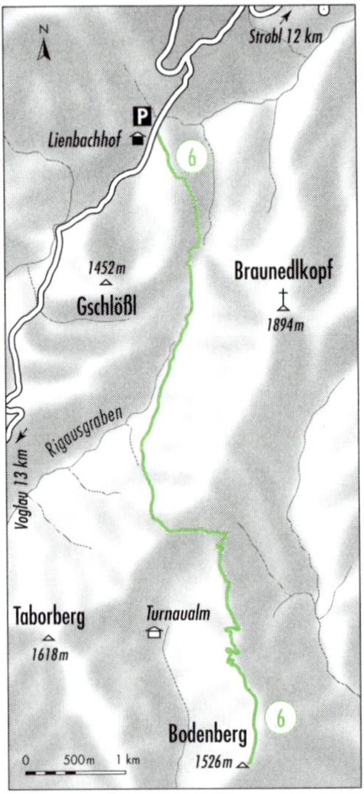


nenter Gipfel wie Braunedelkopf oder Gamsfeld birgt etliche angenehme Überraschungen. Wir wandern zwar vorwiegend auf Forst- und Almwegen, deren sich allerdings schon wieder das Gras bemächtigt. Pkw-Verkehr ist die ganz seltene Ausnahme. Dafür genießen wir nahezu auf dem ganzen Weg eine Panoramasicht über die Osterhorn-Grasberge und die nördlichen Kalkalpen.

Auf dem Parkplatz beim Lienbachhof nehmen wir die Markierung Nr. 879 auf, die uns knapp zwei Kilometer weit leicht bergan östlich an den Gschlößl-Liften vorbei in einen Sattel führt. Dort weist unsere Markierung Nr. 879 (auch 205) den linken Weg aus dem Rigausgraben an der steilen Westflanke des Braunedelkopfes entlang zu einem weiten Almboden, der südwärts in den Kessel der Turnaualm abfällt. Hier zweigen wir nach links (ostwärts) Richtung Gamsfeld ab.

Nach rund 600 Metern gelangen wir in einen flachen Sattel, in dem der Kamm südwärts zum unscheinbaren Bodenberg ansetzt. Und diesen Kamm entlang führt ein breiter Almweg, der erst auf einem Kilometer rund 200 Höhenmeter ansteigt. Ist einmal diese Höhe erreicht, braucht es geschärfte Aufmerksamkeit: Wo sich der Almweg an der linken Flanke des Kammes auf den sanften Abstieg zur Bodenbergalm macht, zweigt nach rechts ein nicht markierter Pfad zum flachen Bodenberg ab – einem Balkon mit großartiger Rundsicht.

Die Rückkehr folgt dem Hinweg.

*Hintere Trattbergalm mit Blick auf den Schmittenstein.*

*Von der Sonne gebräunte Almen unter der Mandlwand.*

## NIGELKAR 7

***Sonnenbecken zwischen Schlenken und Schmittenstein***

*Anfahrt nach Krispl.*
*Start und zugleich tiefster Punkt 927 m, höchster Punkt Schlenken 1649 m.*
*Insgesamt 9 km, 700 Höhenmeter Anstieg, 4 Stunden Gehzeit.*

Es gibt auch in einem beliebten Wandergebiet wie rings um den Schlenken noch vergleichsweise einsame Wege – zumal dann, wenn man nicht den kürzesten Weg zum Ziel einschlägt. Deshalb machen wir uns auf einen sehr lohnenden Umweg.
Wir beginnen in Krispl auf dem höchsten Punkt der Landstraße. Dort zweigt südwärts der gepflegte Spazierweg Nr. 1 ab, auf dem wir gemächlich ansteigen und erst kurz von Zillreit in die Straße zu diesem Wirtshaus münden. Dieser folgen wir nun am Wirt vorüber und jenseits des Schrankens nach rechts. Damit vermeiden wir den stark begangenen Weg am Halleiner Haus vorbei. Vielmehr gelangen wir in einem weiten Bogen (netto kaum fünf Minuten länger) über Wallmansreit vom Südwesten her auf das Hochplateau der Formau.
Unter den Wochenendhäusern sticht ein schmuckes Bauernhaus aus dem 18. Jahrhundert hervor. Es stand früher in Schleedorf und war dem Untergang geweiht. Doch der bedeutende Salzburger Skialpinist Felix Holzermayr setzte eine volkskundlich beispielhafte Tat. Er kaufte dieses Haus, zerlegte es und baute es auf der Formau wieder stilgerecht zusammen.
Von der Formau nehmen wir jetzt den breiten Almweg Nr. 841 quer durch die stark abgeholzte Westflanke des Schlenkens zur Schlenkenalm, wählen statt des Anstiegs auf den Gipfel den Weg geradeaus zur Ostkante des breiten Gipfelhanges. Hier quert der Weg Nr. 841 hoch über den Almen in das breite Nigelkar hinein und steigt dann durch ein Stück Buchenwald an zur Senke im Kamm zwischen Schlenken und Schmittenstein. Hier wenden wir uns nach Westen und steigen auf dem Steig Nr. 840 über eine gesicherte, gut mannshohe Felsstufe an zum Schlenken. Als Abstieg wählen wir den Weg

über die „Jaganase" zurück zur Formau und ab hier die kürzere Direktvariante über Zillreit hinüber nach Krispl.

## TRATTBERGALM, GRUBERHORN 1734 m 8

***Kräuter machen den Wert des Bergheus aus***

*Anfahrt über St. Koloman, Mautstraße zur Hinteren Trattbergalm.*
*Start und zugleich tiefster Punkt Parkplatz Hintere Trattbergalm 1438 m, Ziel und zugleich höchster Punkt Gruberhorn 1734 m.*
*Insgesamt 8 km, 600 Höhenmeter Anstiege, 3,5 Stunden Gehzeit.*
*Durchaus lohnend ist die Ausweitung dieser Höhenwanderung vom Gruberhorn auf dem Kamm nordwestwärts zum Regenspitz 1675 m. Das ergibt zusätzlich 2 km, zwei Anstiege von zusammen 200 Höhenmetern und annähernd 1,5 Stunden Gehzeit; zusammen somit 10 km, 800 Höhenmeter und 5 Stunden Gehzeit.*

Auf der Hinteren Trattbergalm fallen die Almanger auf. Aus einem großen Feld klaubten die Bauern mühsam alle die Steine heraus und schichteten sie ringsum zu Mauern mit aufgesetzten Zäunen, damit das Weidevieh nicht an das gute Gras herankann. Selbst im Zeitalter der intensiven Landwirtschaft ernten die Bauern hier noch immer Bergheu, dessen Wert die vielen Kräuter ausmachen.
Der optimalen Höhenwanderung wegen wagen wir uns jetzt ohne Weg und Markierung an eine kleine Extratour. Wir steuern nordwärts in freiem Zickzack über den steilen Hang von fast 250 Höhenmetern den Frunstberg (1673 m) und jenseits sanft bergab in einer Mulde den markierten Weg Nr. 842 an und folgen ihm auf den Hochfirst (1711 m). Durch eine flache Senke erreichen wir den Dürlstein (1697 m), steigen nordwärts auf dem Kamm bergab, auf einer Leiter fünf Meter über das Felsband hinunter und wandern durch eine Latschengasse hinauf auf das Gruberhorn.
Der Kessel südöstlich unterm Gruberhorn ist ein geradezu legendäres Schneeloch und bietet deshalb das Schauspiel eines Titanenkampfes in extre-

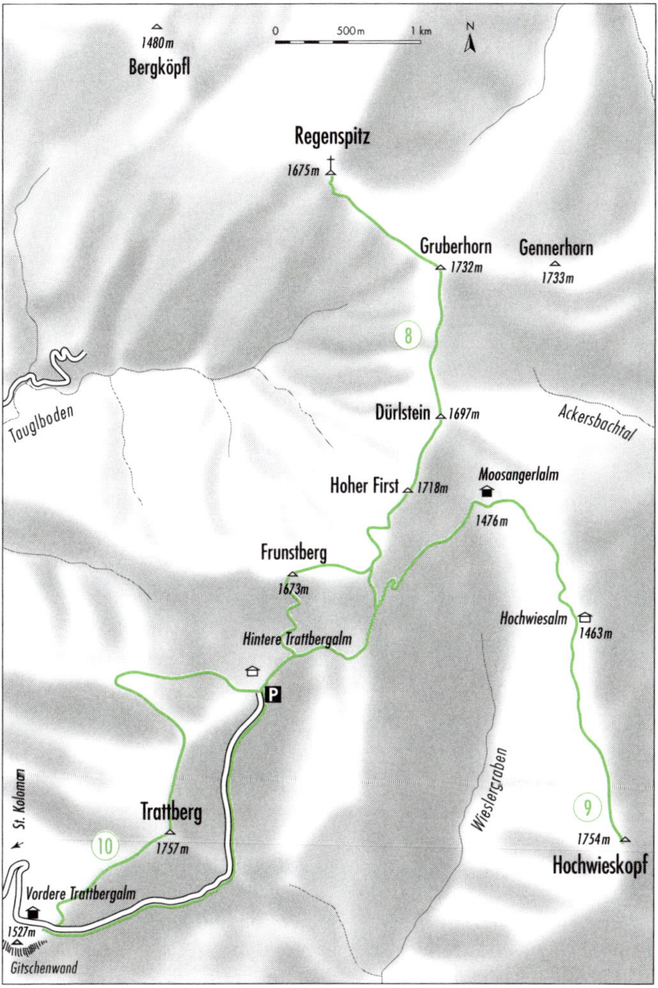


mer Zeitlupe. Auf den zwischen 25 und 40 Grad steilen Hängen versuchen Sträucher und Bäume das Gelände bergan zu erobern. Sie werden aber immer wieder von Lawinen und Muren zurückgeschlagen. Die Massen von Geäst, die verdorrt und gebleicht herumliegen, bezeugen die Zerstörungskraft abgehender Schneemassen. Und auch der Graben südostwärts aus diesem Kessel hinaus trägt die Spuren der Verwüstungen durch Wasser. Er ist von Bewuchs freigefegt. Und was Hochwasser an Schotter mitreißt, mäandert als Geröllbank südwärts durch das Ackersbachtal.

Ob noch der Abstecher zum Regenspitz folgt oder nicht – ab dem Gruberhorn wandern wir nach der Markierung 842 über den Dürlstein und den Hohen First zurück zur Hinteren Trattbergalm. Den Frunstberg schenken wir uns.

## TRATTBERGALM, HOCHWIESKOPF 1754 m 9

***Der Konditionstest für eine Westalpentour***

*Anfahrt über St. Koloman, Mautstraße zur Hinteren Trattbergalm.*

*Start und zugleich tiefster Punkt Parkplatz Hintere Trattbergalm 1438 m, Ziel und zugleich höchster Punkt Hochwieskopf 1754 m.*

*Insgesamt 10 km, 550 Höhenmeter Anstiege, 4 Stunden Gehzeit.*

Diesmal folgen wir ab dem Parkplatz auf der Hinteren Trattbergalm dem „Arnoweg" (Markierung Nr. 842), der die Kehren eines gesperrten Fahrweges über die annähernd 150 Meter hohe Bodenwelle des Ebenfelds abschneidet. Hinterher klinkt die Markierung in diesen Fahrweg ein.

An der Ostseite des Frunstbergs schwenkt der „Arnoweg" nordwärts ab. Wir bleiben aber auf dem Fahrweg (jetzt Markierung Nr. 140), der leicht bergab zur idyllischen Moosangerlalm und durch diesen Almkessel in weitem Bogen südwärts zur Hochwiesalm führt. Von hier zieht ein breiter Grasrücken direkt zum Hochwieskopf hinauf, einem großartigen Ausguck vor allem für die Rundsicht auf die Flucht der Kalkalpen vom Dachstein bis zum Watzmann.

Der Rückweg folgt dem Hinweg, kann aber ab der Moosangerlalm noch um einen Konditionstest erweitert werden: nordwärts durch die Mulde rund 200 Höhenmeter hinauf in den flachen Sattel zwischen Dürlstein und Hohem First und nun südwestwärts nach der Markierung über den Hohen First zurück zum Parkplatz.

## TRATTBERGALM, VARIANTE TRATTBERG 1757 m 10

***Abenteuer für Leute mit Phantasie und Umsicht***

*Anfahrt über St. Koloman, Mautstraße zur Vorderen Trattbergalm.*
*Start Vordere Trattbergalm 1480 m, höchster Punkt Trattberg 1757 m, tiefster Punkt Hintere Trattbergalm 1438 m. Insgesamt 5 km, 400 Höhenmeter Anstiege, 2 Stunden Gehzeit.*

Diese Variante ist für sich allein die Mühe nicht wert, steigert allerdings in Kombination mit den Wanderungen zum Gruberhorn oder zum Hochwieskopf die konditionelle Anforderung beträchtlich.
Der Anstieg von der „Enzianhütte" nordostwärts über den breiten Almboden auf den Trattberg bedarf gar nicht des markierten Pfades, so klar steht das Ziel vor Augen.
Der Weg vom Gipfel hinunter zur Hinteren Trattbergalm, die am Fuß der steilen Trattberg-Ostflanke wie Spielzeug aussieht, erfordert Umsicht. Wir sind nämlich zur Orientierung auf wenige Steigspuren, Wegereste und etwas Phantasie angewiesen. Erst wandern wir ohne Weg nordwärts bergab auf dem grasigen Rücken, der nach etwa 600 Metern deutlich verflacht und nach Nordwest zur nicht mehr bestehenden Oberalm dreht. Ungefähr bei Höhe 1600 Meter schenken wir dem verwachsenen, aber steilen Nordhang erhöhte Aufmerksamkeit, denn von hier querte noch bis gegen das Jahr 1985 ein dürftig markierter Steig über die 100 Meter hohe Steilstufe ostwärts hinunter zur Hinteren Trattbergalm. Mit oder ohne diesen „Wegweiser" steigen wir bei einer markanten Waldschneise in diese Steilstufe und queren sogleich nach rechts, teilweise durch den Bewuchs.
Als Rückweg von der Hinteren zur Vorderen Trattbergalm empfiehlt sich nur die Straße.
Eine weniger steile Variante wäre der Abstieg über 200 Höhenmeter vom Trattberg über den Ostkamm zur deutlich sichtbaren Rechtskurve der Straße zwischen den beiden Trattbergalmen. Hier sind wir auf markierte Steigspuren angewiesen – und auf Vorsicht, damit nicht losgetretene Steine die Wanderer gefährden.

# *Kalkalpen*

*Die Widdersbergalm (SLT).*

Eine Wandflucht aus bleichen Kalkfelsen trennt die Grasberge des Salzburger Alpenvorlands von den sanften Grasbergen im Pongau und im Pinzgau. Diesen massigen Querriegel vom Dachstein westwärts bis zu den Loferer Steinbergen durchbrechen drei Flüsse: die Lammer in Lungötz, die Salzach am Paß Lueg und die Saalach im Hohlweg zwischen Saalfelden und St. Martin.

Da leuchtet ein, daß die Salzburger einst den Süden ihres Landes Innergebirg nannten, wenn sie den Pongau und den Pinzgau meinten.

Zwischen Salzach und Saalach schieben die Kalkberge noch zwei Außenposten nordwärts vor, den Untersberg und das Lattengebirge.

Beide bieten sich nahe der Landeshauptstadt für vorzügliche Höhenwanderungen an.

Diese Kette von Kalkbergen ist eine markante Wetter- und Klimascheide. Im Nordstau regnet sich das Westwetter ab, an den sonnigen Südhängen blühen die schönsten Blumenwiesen der Alpen.

Dafür schwanken an der regenärmeren Südseite der Kalkalpen – also auch Innergebirg – die Temperaturen zwischen warmen Sommern und kalten Wintern erheblich stärker als Außergebirg.

Charakteristisch für die Kalkalpen sind auch die zumal im Herbst so bunten Bergmischwälder (Nadelbäume, Buchen), die bis in Höhen von 1400 Metern gedeihen und an dieser Grenze vornehmlich von prächtigen Zirbenbeständen abgelöst werden.
Nicht minder charakteristisch für unsere Kalkberge sind gewaltige Höhlensysteme, die das Wasser aus dem porösen und löchrigen Felsen herausgelöst hat.
Deshalb sind auch Quellen in unseren Kalkbergen so rar. Andrerseits sind sie ein anscheinend unerschöpfliches Wasserreservoir – wie der Untersberg, der Klotz des Hohen Gölls und der geschützte Koloß des Tennengebirges hinlänglich beweisen.
Dem Bergsteiger fordern die Kalkberge mehr an Leistungsfähigkeit ab als die Grasberge – ein Blick auf die Bischofsmütze oder das Birnhorn reicht als Beweis.
Trotzdem lassen die Kalkfelsen dem Wanderer noch viele Gassen, Kessel und Terrassen frei – und natürlich auch atemberaubende Perspektiven auf Wegen hart unter den Felsabstürzen.

## UNTERSBERG-HOCHPLATEAU 11

***Auf dem riesigen Tanzplatz der Hexen***

*Anfahrt nach St. Leonhard, Auffahrt mit der Seilbahn auf den Untersberg (Info Tel. 06246/72477). Start und zugleich tiefster Punkt Bergstation 1774 m, höchster Punkt und zugleich Ziel Berchtesgadener Hochthron 1972 m. Insgesamt 9 km, 350 Höhenmeter Anstiege, 4 Stunden Gehzeit.*

Nur bei stabilem Schönwetter ratsam, denn Nebel kann auf dem Hochplateau wegen der Südabstürze des Untersbergs lebensgefährlich werden.
Man tut gut daran, für die Auffahrt von St. Leonhard die erste Gondel zu erwischen und reichlich Getränk in den Rucksack zu packen. Das Hochplateau des Untersbergs ist nämlich reich an Steinen und heißen Latschengassen, aber arm an Wasser und Schatten. Und nach Regen sollte man beachten, daß etliche Latschengassen morastig und die feuchten Wurzeln kreuz und quer über den Weg rutschig sind.

*Als das Geiereck 1890 ein Gipfelkreuz bekam, trugen Bergsteiger noch Nagelschuhe, „Alpenstangen" und nicht gerade kommodes Gewand (SMCA).*

Derart widrige Umstände trugen offensichtlich dem Hochplateau auch den Ruf eines Tanzplatzes der Hexen ein.
So wurde 1582 in Salzburg der fürsterzbischöfliche Rat Dr. Martin Pegger wegen angeblichen Kontakts zu Gespenstern verhaftet; und mit ihm auch seine Ehefrau, die ein Zauberer als Hexe verpfiffen hatte. Weil die Schergen im Hause Pegger u. a. auch Bergsagen vom Untersberg entdeckten, tauchte der „Verdacht" auf, daß Peggers Frau zum Hexensabbat auf den Untersberg geflogen sei. Das Paar gestand nichts und blieb deshalb bis zum Tod zehn Jahre später auf der Festung in Haft.

Der markierte Weg von der Bergstation zu unserem Ziel ist gut ausgebaut und nicht zu verfehlen. Ein kurzer Abstecher zum riesigen Kreuz auf dem Geiereck lohnt der Rundsicht wegen allemal; besonders ehe die Sonne grauen Dunst aus dem Flachland aufsteigen läßt.
Der Weg zum Salzburger Hochthron streift gelegentlich die Südabstürze des Untersbergs. Doch wir widerstehen der Lust einer herrlichen Rundsicht bis zum Hochthron. Nach weiteren 400 Metern steigen wir 60 Höhenmeter ab zur Wegekreuzung in die Mittagsscharte; wir halten geradewegs auf den Gegenhang

zu und erreichen über diese Geländestufe das nordseitig gekippte Hochplateau. Dort geht es häufig ganz sanft bergauf-bergab und abermals an den Südabstürzen vorbei auf den Berchtesgadener Hochthron, den höchsten Gipfel des Untersbergs.
Auf dem Rückweg steigen wir beständig ab, doch der kurze Gegenanstieg aus der Mittagsscharte kann an heißen Tagen noch recht mühsam werden.

## LATTENGEBIRGE 12

***Eine Sonderübung im Rhythmuswechsel***

*Anfahrt nach Reichenhall, Talstation der Predigtstuhlbahn. Start und zugleich tiefster Punkt Bergstation Predigtstuhl 1560 m, Ziel Törlkopf 1704 m, höchster Punkt Karkopf 1738 m.*
*Insgesamt 7 km, 600 Höhenmeter Anstiege, 3,5 Stunden Gehzeit.*

Diese Höhenwanderung mutet auf den ersten Blick reichlich anspruchslos an. Für diese Unterschätzung rächt sich der Berg mit fünf Anstiegen und vier Abstiegen dazwischen. Noch nicht voll ausgereifte Bergsteiger fürchten solche Wechsel des Gehrhythmus, weil sie das Gehgefühl und die Atmung „aus dem Tritt" bringen. Beim ersten Anstieg benötigt der Körper annähernd 20 Minuten, bis alle Körpersysteme warmgelaufen sind und so reibungslos funktionieren, daß man sie nicht mehr wahrnimmt. Beim Umstellen von Abstieg auf Wiederanstieg sind zwar die Systeme auf richtiger Betriebstemperatur, aber die zügige Schrittfolge bergab hält man bergan nicht durch. Also geraten Tritt und Atmung so lange durcheinander, bis man wieder die gewohnte Bergan-Schrittfolge erfühlt. Gegenanstiege bringt man um ihre Schrecken, indem man sie mindestens fünf Minuten betont langsam angeht. Just diese Erfahrung kann man auf dem Lattengebirge sehr gut sammeln.
Von der Bergstation wandern wir auf dem markierten Weg Nr. 404 A ostseitig um den Gipfel des Predigtstuhls in die Schlegelmulde und entlang dem Lift hinauf auf den Hochschlegel. Jenseits geht es beinahe unmerklich hinunter in das Schreckschartl, wo wir ei-

nen langen Blick links hinunter in die schottrige Alpgartenrinne werfen; da fahren durchaus nicht Lebensmüde bei stabilem Firn im Frühjahr mit Skiern hinunter. Rechts um den unscheinbaren Mugel namens Schreck herum gelangen wir vor dem Karkopf an eine Wegscheide. Wir biegen rechts ab auf den Weg Nr. 479 und streben durch eine langgezogene Senke dem Ziel entgegen, dem großartigen Aussichtspunkt Törlkopf. Man steht nämlich im Zentrum eines Amphitheaters von Kalkriesen: Reither Alpe im Westen, dann ostwärts weiter Hochkalter, Hundstod im Steinernen Meer, Watzmann, Hochkönigstock und Göll. Nachdem wir uns sattgesehen haben, kehren wir nordwärts bis zur Wegscheide zurück, machen nach rechts den Abstecher auf den Karkopf und folgen nun der Markierung Nr. 479 nordostwärts durch eine tiefe Senke auf den Dreisesselberg. Die Rückkehr von dort nötigt uns abermals einen Gegenanstieg auf, ehe wir uns ab dem Schreck dem sehr moderaten Abstieg
zur Seilbahn hingeben können.

## GOTZENALM 13

***Auf Bayerns schönster Hochterrasse***

*Anfahrt über Schellenberg und Au nach Obersalzberg/Hinterbrand.*
*Start und zugleich tiefster Punkt 1100 m, höchster Punkt und zugleich Ziel 1685 m.*
*Insgesamt 18 km, 750 Höhenmeter Anstiege, 6 Stunden Gehzeit.*
*Die Auffahrt von Königssee mit der Jennerbahn zur Mittelstation vermindert diese Wanderung um 100 Höhenmeter und 2 km, also um gut eine halbe Stunde.*

Ausgangspunkt sind die Parkplätze von Hinterbrand am Ende der Straße vom Obersalzberg südwärts entlang der Westflanke des Hohen Gölls. Von hier leitet uns ein Waldweg erst leicht ansteigend zur Mittelstation der Jennerbahn. Dann folgen wir für rund zwei Drittel des Gesamtweges der Markierung Nr. 497. Sie bezeichnet westlich um den Jenner herum bis zum Königsbach den rund 2,5 Kilometer langen „Königsweg“. Anschließend steigen wir südwärts bergan, wandern rechts am Priesberger

## FIT IN DIE BERGE

*Der Todessturz von vier der sieben Erstbesteiger des Matterhorns (4477 m) im Jahr 1865 lieferte die erste Negativ-Sensation der noch jungen Bergsteigerei. Den Zeitgeist artikulierte damals die Londoner „Times“ treffend: „Wer gab dem Menschen das Recht, die Gabe des Lebens wegzuwerfen, um mit Affen, Katzen und Eichhörnchen zu wetteifern?“*

*Nur zu offensichtlich eifert Höhenwandern weder den phantastischen Kletterkünsten an schwindelerregenden Felswänden noch den Fabelzeiten der Bergläufer nach. Höhenwandern bedarf auch ebensowenig wie Bergsteigen des Eingriffs durch einen Seelen-Installateur oder einer hintersinnigen Philosophie. Wer wandert, weiß vermutlich, warum er das tut, warum es ihn freut und warum ihn kein Schweißtropfen reut. Punktum.*

*Mit Training beschreiben wir planmäßiges und regelmäßiges Fördern der Fähigkeit zu bestimmten Arten von Leistung. Das kann man sehr teuer und freudlos auf den Marterwerkzeugen der Fitnessindustrie erwerben – garniert mit komplizierenden Vorschriften für Haltung oder Bewegung.*

*Gleiches kriegt man auch kostenlos und freudvoll in freier Natur – vor allem die für uns wichtige Fähigkeit zu Ausdauerleistung (auch Kondition genannt).*

*Man entwickelt und erhält Kondition durch mäßige, aber regelmäßige Dauerbelastung. Beispielsweise das ganze Jahr hindurch dreimal wöchentlich eine halbe Stunde schweißtreibend radeln, flott gehen, moderat joggen oder 200 Höhenmeter ansteigen plus am Wochenende noch eine Wanderung (Skispaß, Langlauf). Das Training findet bei jedem Wetter statt, denn schlechtes Wetter gibt es nicht, nur unzweckmäßige Kleidung. Und im Zweifelsfall wirkt ein ganz banaler Schirm wahre Wetterwunder.*

*Das Maß der leichten Belastung durch Training setzen zwei millionenfach bewährte Faustregeln: Atmung allein durch die Nase muß gerade noch ausreichen oder Pulsfrequenz 180 minus Lebensalter. Natürlich geht das auch differenzierter, der Hausarzt weiß sicher den guten Rat für individuell richtig dosiertes Training. (Dazu Stichwort Training.)*

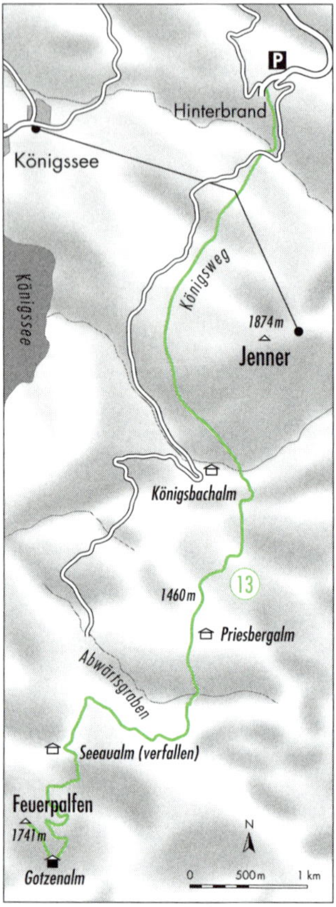


Moos entlang zur Priesbergalm und gelangen nach einem halben Kilometer im „Abwärtsgraben" an eine Wegscheide. Dort verlassen wir die Nr. 497 und wählen die Nr. 495. Sie weist uns westwärts leicht ansteigend um die steile Tauernwand auf den Seeauer Almboden zum Fahrweg mit der Nr. 493. Als kleiner Härtetest bleiben uns noch 200 scharfe Höhenmeter auf das grandiose Plateau der Gotzenalm zu überwinden. Sollten diese letzten Kehren etwas mühsam gewesen sein, so lag das durchaus im Zweck des Trainings.

In jedem Fall entschädigt die großartige Rundsicht von diesem Balkon für etliche Mühen. Es steht durchaus dafür, nochmals 60 Höhenmeter auf den Feuerpalfen hinauf zu überwinden – es gibt keinen eindrucksvolleren Blick auf den Königssee und die berühmte Ostwand des Watzmanns.

Der Rückweg mißt trotzdem neun Kilometer, allerdings geht es mit Ausnahme des sanften Gegenanstiegs vor der Priesbergalm und nach dem Königsbach ständig mäßig bergab.

## ROSSFELD 1537 m 14

***Salut für Purtscheller, Schaitberger und die Kelten***

*Anfahrt über Hallein auf den Dürrnberg zum Zinkenlift. Start bei der Zinken-Bergstation 1320 m, höchster Punkt Roßfeld 1537 m, tiefster*

*Punkt und zugleich Endpunkt Liftstation Dürrnberg 837 m. Insgesamt 13 km, 400 Höhenmeter Anstieg, 700 Höhenmeter Abstieg, 4 Stunden Gehzeit. Das Roßfeld zieht zwar am mittleren Vormittag beträchtlichen Ausflugsverkehr an. Man kann ihn aber durch frühen Start mit dem Zinkenlift (Info Tel. 06245/85105) ganz gut vermeiden. Der Weg durch eine Erlenzone zwischen Leitenalm und Truckenthanalm am Osthang des Roßfelds wird nach Regen ziemlich tiefes Geläuf, dem man mit etwas Geschick aber seitlich ausweichen kann.*

Bei der Bergstation Zinken machen wir uns südwärts auf den unmarkierten Skiweg, der ostseitig am Zinken vorbei in eine Senke führt. Gleich neben der Bergstation des Ostlifts setzt sich dieser Skiweg entlang dem Kamm (und der Grenze) südwärts fort; er ist die bequeme Verbindung für Skiläufer vom Roßfeld nach Dürrnberg. Nach etwa 700 Metern streifen wir die Roßfeldstraße, die oberhalb der Mautstelle mit einer langen Kehre zum letzten Anstieg ansetzt. Hier treffen wir nun auf die Skiabfahrt vom Roßfeld nach Au. Wir wählen sie als Direttissima hinauf zum weithin sichtbaren Gipfelkreuz.
Die gut 1,5 Kilometer lange Wanderung auf dem talseitigen Gehsteig der Roßfeldstraße entlang dem Hahnenkamm vermittelt angesichts des Salzachtales, des Tennengebirges und der gewaltigen Nordabstürze des Hohen Gölls einen außerordentlichen Eindruck. In der langgezogenen Rechtskurve der Straße südlich des Ahornbüchsenkopfes schwenken wir nach links ab in den schottrigen Fahrweg zum Eckersattel hinunter.
Vor uns sitzt auf dem grasigen Eckerfirst das Purtscheller-Haus, durch dessen Küche die österreichisch-deutsche Grenze verläuft. Deshalb wurde dieses Haus zum Treffpunkt Hunderter zerrissener und versprengter Familien, als die Grenze nach dem Zweiten Weltkrieg monatelang gesperrt war.
Dieser alpine Stützpunkt trägt den Namen Ludwig Purtschellers (1849–1900), der als Turnlehrer am Gymnasium in Salzburg wirkte. Er ist der bedeutendste Alpinist jener neuen Generation, die im letzten

Drittel des 19. Jahrhunderts mit „turnerischem Klettern“ und ohne Führer schwierige Wege zu schon erschlossenen Gipfeln suchte und Führerliteratur aus eigener Erfahrung schrieb. Purtscheller brachte es darin auf annähernd 90 brillante Publikationen.

Die Leistungen Purtschellers als alpinistischer Pionier sind daran zu ermessen, daß er binnen elf Tagen 35 Gipfel der Schobergruppe und anschließend in drei Wochen 39 Spitzen der Stubaier Alpen erstieg. Folgerichtig wurde er 1889 zur Erstbesteigung des Kilimandscharo gebeten. Mit seinen Touren auf den Elbrus im Kaukasus und den Ätna auf Sizilien zählte Purtscheller auch zu den Vätern des Expeditionsalpinismus.

An diesem Punkt genau auf der Grenze nehmen wir nun den Weg Nr. 451 nordostwärts leicht bergab durch den Wald zur Dürrfeichtenalm und weiter nach links über die Leitenalm zur Neßlangeralm, bei der wir auf den „Arnoweg“ stoßen.

Abermals betrachten wir die Ostwand des Hohen Gölls, durch die Extremskifahrer eine Steilabfahrt entdeckt haben – und fleißig frequentieren. Mit Respekt gedenken wir auch Valentin Stanigs (1774–1847), dem 1801 im Alleingang die Erstbesteigung des Hohen Gölls über jenen Grat gelang, der diese Ostwand rechts begrenzt. Als Bauernsohn aus der Gegend von Görz studierte Stanig in Salzburg Theologie, Mathematik und Physik. Zeitgenossen nannten ihn einen „verwegenen Bergsteiger“, weil er den Untersberg im Winter bezwang, im Jahr 1800 der 62köpfigen Expedition zur Erstbesteigung des Großglockners angehörte und 1801 als erster den Überstieg vom Hocheck auf die Watzmann-Mittelspitze schaffte. Stanig starb als Domherr in Görz.

Auf den nächsten 800 Metern Distanz und 160 Höhenmetern vom Wetterkreuz bei der Neßlangeralm zur Truckenthanalm wird die Wanderung nach Regen mühsam: kaum erkennbarer Steig, verblichene Markierung, morastiger Boden, vor allem in Passagen durch Gebüsch. Doch mit der nahen Alm vor Augen findet sich auf dem freien Hang unterm Roßfeld allemal ein Durchkommen. Von der Truckenthanalm folgen wir jetzt dem Güterweg

Nr. 453 nordwärts durch den Abtswald. Nach gut 1,5 Kilometern sollten wir keinesfalls den kurzen Abstecher nach links zum Predigtstuhl verpassen: ein Felsblock mit der Inschrift, daß der Bergmann Josef Schaitberger in diesem abgelegenen Wald seinen protestantischen Glaubensbrüdern aus den Dürrnberger Salzminen Luthers Auslegung der Bibel verkündet hat.
Die Salzburger Bergwerke waren schwergewichtige Zentren der Wirtschaft, des internationalen Handels und der Information – also auch ein ergiebiger Boden für den Protestantismus, der die freie Predigt, die freie Wahl der Pfarrer und das Ende der Leibeigenschaft forderte. Weil die Dürrnberger „Ketzer" ihrem Glauben nicht abschworen, wurden Schaitberger und 70 seiner Anhänger 1686 aus dem Land getrieben. Ihre minderjährigen Kinder mußten sie einheimischen Zieheltern überlassen, damit sie im katholischen Glauben aufwüchsen.
Die zweite Welle der Vertreibung kostete 1732 nicht weniger als 22.000 Salzburger Protestanten – einem Fünftel der erzbischöflichen Untertanen! –

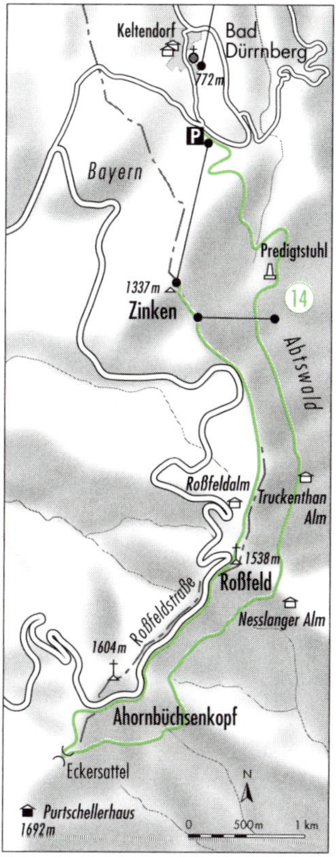


die Heimat, darunter nochmals 783 Dürrnbergern. Die humanitäre Katastrophe war unermeßlich, die ökonomische kaum geringer. Nicht nur brach der Realitätenmarkt zusammen, weil niemand die verwaisten Höfe kaufen konnte; auch die landwirtschaftliche Produktion fiel zurück und damit die Kaufkraft.

Von dieser Gedenkstätte wandern wir auf dem „Protestantenweg" weiter bergab und erreichen nach einer halben Stunde wieder den Parkplatz beim Zinkenlift.
Und weil wir schon auf dem Dürrnberg sind, sollte der kurze Abstecher zur prachtvollen Kirche die Mühe wert sein. Denn dort trug sich 1573 Sensationelles zu: Bergleute hatten den „Mann im Salz" aus dem Felsen gepickelt – nach dem Bericht einer Chronik „gelb wie ein geselchter Stockfisch" – und neben der 1596 abgerissenen alten Kirche zur Schau gestellt. Leider begann diese Mumie zu verfaulen und bestialisch zu stinken, weshalb sie in christlicher Erde zur letzten Ruhe bestattet wurde.
Dieser „Mann im Salz" war Kelte und an die 2000 Jahre alt. Damals hatten die Kelten auf dem Dürrnberg Salzquellen entdeckt – mehr wert als eine Goldgrube, denn ohne Salz überleben weder Menschen noch Haustiere. Augenscheinlich machten die Dürrnberger Kelten glänzende Geschäfte; sie leisteten sich nämlich künstlerisch höchstwertige Geräte und Schmuckstücke. Ein Beispiel dafür ist die großartige bronzene Schnabelkanne. (Sehenswert sind daher gleich neben der Kirche das Keltendorf und der Keltenlehrpfad.) In den Stürmen der Zeit gingen allerdings zuerst die Kelten und dann, fast ein halbes Jahrtausend später, ihre römischen Beherrscher unter. Erst um 1200 entdeckten die Salzburger Erzbischöfe wieder das Dürrnberger Salz als unerschöpfliche Quelle an Reichtum. Man trieb Stollen in salzführendes Gestein, höhlte große Kavernen aus und füllte sie mit Wasser. In drei Wochen entstand in diesen „Laugkammern" die mit maximal 26 Prozent Salz gesättigte Sole.
In der Halleiner Saline wurde das Wasser weggesotten und fertig war das Salz. Vom Dürrnberger Salzbergbau überdauerte aber nur mehr ein Schaubergwerk den Standortnachteil gegenüber der Konkurrenz.

## AUSTRIAWEG 15

### *Im Bann des Gosaukammes und der Bischofsmütze*

*Anfahrt Variante A über den Paß Gschütt und Gosau zur Seilbahn beim Vorderen Go-*

*Auf den Pongauer Grasbergen, Blick gegen (von rechts) Ennskraxen, Faulkogel und Mosermandl (Landesverkehrsamt).*

*Filzmoosalm gegen Draugstein (FVV Großarl).*

*sausee (Info Tel. 06136/ 82950) oder Variante B über Abtenau zur Riedelkar-Sesselbahn (Info Tel. 06463/8125). Start 1480 m (Variante B 1410 m), höchster Punkt und Ziel Hofpürgl Hütte 1705 m, tiefster Punkt 1400 m. Insgesamt 20 km, 650 Höhenmeter Anstieg, 6 Stunden Gehzeit.*

Der Austriaweg ist ein Paradestück an Höhenwanderung: lang, keine intensive Belastung, wenig Höhenmeter, beständig prächtiges Panorama und ein nicht zu unterschätzender Test für die Ausdauer. Es empfiehlt sich sehr, die erste Gondel zur Auffahrt vom Gosausee zur Gablonzer Hütte zu erwischen, denn mit mehreren Rastpausen unterwegs könnte man die letzte Gondel talwärts verpassen.

Diese alles in allem doch anspruchsvolle Wanderung beginnt mit dem kurzen Anstieg nach der Markierung 601 A zum Törleck (unterhalb des Törlecks an der Westseite des Gosaukamms bindet die Variante B von der Riedelkar-Bergstation her in den Austriaweg ein). Dann zieht der Austriaweg in Höhen zwischen 1400 und 1500 Metern unter den plattigen Abstürzen des Donnerkogels südwärts zum ersten Etappenziel, der Stuhlalm vor den bedrohlich wirkenden Nordwänden der Bischofsmütze.

Nach einer breiten Bodenwelle schwenkt der Weg ostwärts hinein in das Stuhlloch, eine Schotterrinne, die sich zuneh-

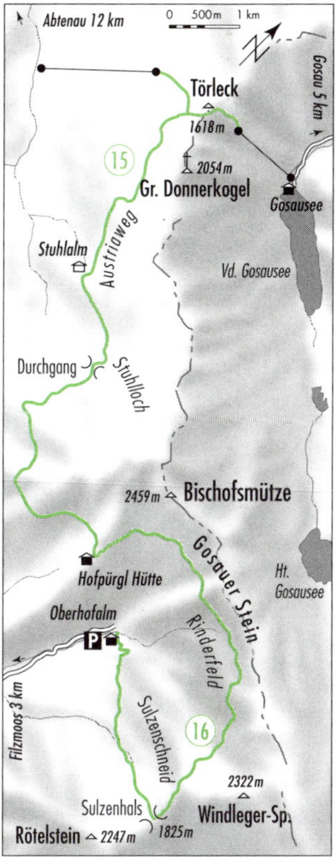

mend steil fast 900 Höhenmeter zur östlichen Schulter der Bischofsmütze hinaufzieht.
Aus diesem Kessel steigt der Austriaweg nun 150 Höhenmeter scharf auf den Durchgang an, einen Einschnitt im scharfen Grat der Stuhllochspitze. Von hier wandern wir nahezu eben südwärts gut einen Kilometer weit in die sanfte Senke zwischen Kamplbrunnspitze und Mähderriedel, wo sich die Rundsicht ostwärts um die Niederen Tauern erweitert. Bis hierher haben wir annähernd zwei Drittel des Weges zur Hofpürgl Hütte bewältigt; also wäre zu entscheiden, ob Kondition, Zeit und Lust noch für den Weg bis zur Hütte reichen, oder ob die Rückkehr klüger wäre.
Das letzte und besonders aussichtsreiche Stück des Austriaweges bis zur Hofpürgl Hütte führt entlang der 1700-Meter-Höhenschicht südseitig um den Leckkogel, einen grasigen Kegel, herum.
Auf dem Rückweg wandern wir vorwiegend leicht bergab – bis auf die letzten zwei Kilometer mit zwei kurzen, aber zähen Gegenanstiegen.

## SULZENSCHNEID 1970 m — 16

***„Die Jungfrau ist halt schlecht gebaut!“***

*Zufahrt nach Filzmoos, 5,5 km Mautstraße zur Oberhofalm. Start, Ziel und zugleich tiefster Punkt 1268 m, höchster Punkt 1970 m.*
*Insgesamt 10 km, 800 Höhenmeter Anstieg, 4 Stunden Gehzeit.*

Die Anfahrt entlang der Warmen Mandling bietet mit dem Anblick der Bischofsmütze einen Vorgeschmack auf unser Wanderziel: ein Amphitheater aus Kalkwänden, das seinesgleichen nicht hat. Bereits beim Aufstieg südostwärts über die Almböden der Sulzenalm direkt auf den Rötelstein zu haben wir Sicht auf die Kulisse des Gosauer Steins, ehe sich die Sulzenschneid ins Blickfeld schiebt. Und das ist gut so, denn nur zu leicht kosten Stehen und Schauen die Zeit, die wir besser in einen zügigen Aufstieg zum Sulzenhals stecken und das Staunen bis dorthin verschieben.
Auf dem Sulzenhals haben wir mit 1825 Metern fast den höchsten Punkt unserer Wan-

*Der Gosauer Stein verbindet den Dachstein mit der Bischofsmütze (beide außerhalb des Bildes) und trennt Salzburg vom Salzkammergut (Ausobsky).*

derung erreicht. Gleichwohl halten wir an, um das grandiose Panorama zu bewundern, das sich auf den letzten Metern dieses Wegestücks auftut: die gewaltige Südwand des Dachsteins, davor der scharfe Windlegergrat vom Torstein herunten und links davon die Eiskarlschneid.

Wir wenden uns jetzt nordwärts und folgen der Markierung Nr. 617 über den grasigen Aufschwung hinauf zum Übergang neben dem Kreuz zwischen Eiskarlschneid und Sulzenschneid. Auch hier öffnet sich plötzlich ein berauschender Anblick auf den riesigen Kessel unter den Kalkwänden, die sich von der Windlegerspitze in langgezogenem Bogen westwärts bis zur Bischofsmütze hinziehen. Wir folgen nun der Markierung annähernd 250 Höhenmeter nordwärts hinunter und queren leicht ansteigend das Rinderfeld bis hart an die Abstürze des Gosauer Steins. Dort stoßen wir auf den „Linzer Steig" (Nr. 601), der sich gerade aus dem Geschröf unter der Reisgangscharte löst und uns nun westwärts direkt auf die Bischofsmütze hinführt. Dabei sticht ein heller Fleck an der Ostwand der Bischofsmütze ins Auge. Dort blätterte 1993 aus dem senkrecht geklüfteten Kalk Fels in zwei Megaportionen Gesteinsmasse von zusammen 150.000 Kubikmetern ab – annähernd 400.000 Tonnen oder gleich viel wie der

Rauminhalt von 350 Reihenhäusern. Knapp unter dem Trümmerfeld dieses Felssturzes biegen wir südwärts ab und steuern die herrlich gelegene Hofpürgl Hütte an.
Für geübte Kletterer ist sie der Ausgangspunkt zur Bischofsmütze, deren einfachster Anstieg durch die Mützenschlucht den Schwieriggkeitsgrad II hat und überaus stark von Steinschlag gefährdet ist. Alle bedeutenden Salzburger Gipfel wurden in der alpinistischen Pionierzeit ohne besonderes Aufsehen bezwungen, weil zumindest ein Weg dorthin führte, der nicht „turnerisches Klettern" erforderte – ausgenommen lediglich die Bischofsmütze. Als sie 1879 noch Schwingerzipf hieß, scheiterten erst drei Ramsauer an Neuschnee und Nebel. Dann machte sich wenige Tage später Markgraf Alfred Pallavicini, angeblich Wiens stärkster Mann und berühmt seit dem Anstieg auf den Großglockner, durch die später nach ihm benannte Eisrinne an die Belagerung dieses Berges. Dafür hatte er die kühnsten Ampezzaner Dolomitenführer mitgebracht – Santo Siorpaes und Arcangelo Dimaj. Doch selbst diese Meister der ausgesetzten Kalktürme fanden keinen Anstieg und mußten wegen neuerlichen Schneefalls den Rückzug antreten. Siorpaes' legendärer Kommentar: „Die Jungfrau ist halt schlecht gebaut." Diese ortsfremden Nebenbuhler alarmierten – nein, keineswegs die Filzmooser, sondern vier steirische Ramsauer, die kurz darauf den Normalanstieg durch die Mützenschlucht entdeckten.
Wir machen uns jetzt an den Normalabstieg von der Hofpürgl Hütte auf dem Wastl-Lackner-Weg hinunter zum Parkplatz bei der Oberhofalm.

## JOCHRIEDEL-HÖHENWEG 17

***Grasterrasse unter bleichen Kalkwänden***

*Anfahrt nach Werfenweng/ Bergbahn Bischlinghöhe (Info Tel. 06466/420).*
*Start Bergstation Bischlinghöhe 1834 m, Ziel und zugleich höchster Punkt Frommer Kogel 1883 m, tiefster Punkt 1447 m.*
*Insgesamt 12 km, 450 Höhenmeter Anstiege, 4 Stunden Gehzeit.*

Die ungemein aussichtsreichen Grasterrassen unter den Südabstürzen unserer Kalkberge haben beträchtlichen Anteil am touristischen Aufschwung von ehedem so hinterschattigen Dörfchen wie Filzmoos, Werfenweng, Mühlbach oder Hinterthal. Und jetzt danken wir diesem Aufschwung den Vorteil von Bergbahnen, die einer vergnüglichen Höhenwanderung nicht den Schweiß des Aufstiegs voranstellen.

Die Sesselbahn hebt uns von Werfenweng/Zaglau bequem auf die Bischlinghöhe, weshalb diese Höhenwanderung mit dem Abstieg nordwärts beginnt. Wir halten uns an die Markierung Nr. 10 und schlendern auf Almböden 300 Höhenmeter hinunter zur Mayerhofalm. Hier schwenken wir nach links (westwärts) und gehen die kurze Strecke auf den Schnapfenriedel, auf dem nach rechts (nordostwärts) ein markierter Weg über einen sanften Rücken rund 90 Höhenmeter zu einer Jagdhütte führt und alsbald in den Europa-Fernwanderweg Nr. 201 einbindet. Unterm Jochriedel vorbei kommen wir zur Wegscheide, an der wir den rechten Ast der Nr. 201 südostwärts bergan und über die Brandlbergköpfe zur Frommer Hochalm nehmen, dort auf die Nummer 400 umsteigen und direkt südwärts die letzten 150 Höhenmeter auf den Frommer Kogel ansteigen.

Das Vergnügen an dieser Kammwanderung könnte die Lust daran wecken, gebotene Möglichkeiten bis zur Neige auszukosten – nämlich zum Abstecher hinüber zur Korein: hin und zurück nahezu eben, drei Kilometer und ungefähr eine Stunde Gehzeit.

Die Rückkehr biegt an der Frommer Hochalm vom Hinweg westwärts ab und folgt der Markierung Nr. 01 bzw. 15 hinunter zur Grundalm im Lanzenbachgraben. Dann fehlen nur mehr ein Stückchen bergan zur Mayerhofalm und südwestwärts leicht fallend zur Mittelstation der Sesselbahn neben der Freilassinger Hütte.

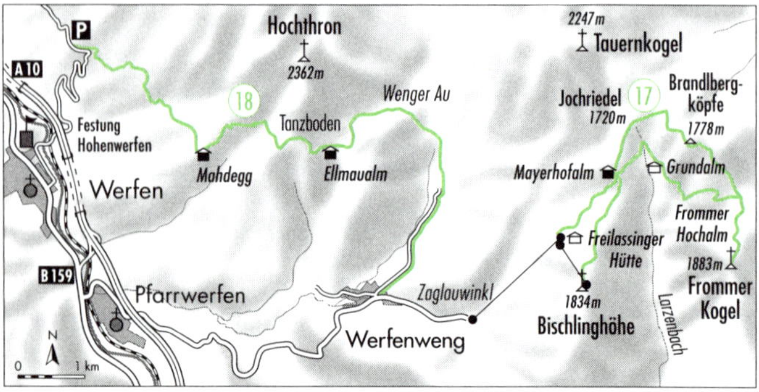


## MAHDEGG 18

***Von der Eisriesenwelt nach Werfenweng***

*Anfahrt nach Werfen (Info Tel. 06468/5388), Rückkehr von Werfenweng mit dem Bus (Info Tel. 06466/420).*
*Start 970 m, höchster Punkt 1530 m, Ziel Werfenweng 901 m.*
*Insgesamt 10 km, 600 Höhenmeter Anstieg, 4 Stunden Gehzeit.*

Wir fahren mit dem Bus von Werfen durch die Westflanke des Tennengebirges hinauf Richtung Eisriesenwelt bis zum Parkplatz 2. An der Bergseite markiert der Wegweiser „Mahdegg 1 1/2 Stunden" den Startpunkt für unsere Höhenwanderung. Der mit Nr. 43 markierte Weg steigt fast unmerklich an, führt uns ostwärts in einer Bucht bis an die Abstürze des Lehnenden Kopfes und dann südostwärts hinauf auf den großartigen Aussichtspunkt Mahdegg auf Höhe 1212 Meter. Damit haben wir beinahe schon die Hälfte des Anstiegs geschafft. Es besteht somit kein Anlaß zur Eile für den zweiten Wegabschnitt.
Dieser hält sich zuerst nordostwärts an die Markierung Nr. 227, die uns fast eben durch ein kurzes Waldstück und dann über eine Blöße bergan direkt auf die Abstürze des Fieberhorns und des Hochthrons weist. Nach 250 Höhenmetern bergan kommt eine Wegscheide. Wir halten uns rechts an die Markierung Nr. 30 zur Elmaualm, die an der Kante einer großartigen

Aussichtsterrasse steht, dem „Tanzboden". Da wir beim Schlankwandern auch Höhenanpassung betreiben – wenig Belastung, langer Weg –, widerstehen wir der Verlockung, noch eben die Werfener Hütte und den Hochthron mitzunehmen, und steigen ostwärts durch eine breite Mulde ab in die Wengerau. Jetzt bleiben nur mehr zwei Kilometer durch den Wengerwinkel hinaus nach Werfenweng.
Dort wird sich weisen, ob unsere Marschplanung richtig auf den Fahrplan des Busses hinunter nach Werfen abgestimmt war. Wenn nicht, dann ist das Skimuseum ein willkommener Vertreib für die Wartezeit. Und mit Sicherheit wird dem Gast nicht mehr zustoßen, was der Topograph Lorenz Hübner 1796 über Werfenweng vermerkte: „Schlägereien sind besonders im Seitenthale Weng nicht selten; doch ist es für Fremde nicht räthlich, sich darein zu mischen: Die Raufenden machen gerne plötzlich Frieden und fallen über den Vermittler her. Der Hang zur Wilddieberey ist zur Leidenschaft geworden. Auf eheliche Treue wird strenge gehalten."

## WIDDERSBERGALM 1539 m — 19

***Eine Zeitreise durch fünf Jahrtausende***

*Anfahrt nach Mühlbach/ Arthur-Haus am Hochkönig. Start Arthur-Haus 1502 m, Ziel und zugleich höchster Punkt Widdersbergalm 1539 m, tiefster Punkt Riedingtal 1393 m.*
*Insgesamt 9 km, 250 Höhenmeter Anstieg, 3 Stunden Gehzeit.*

Beim Arthur-Haus beginnt einer der großartigsten Höhenwege in den Ostalpen. Nicht nur erschließt er eine herrliche Landschaft. Er durchquert auch noch unter den Südabstürzen des Hochkönigmassivs ausnehmend artenreiche Blumenwiesen und eine 5000 Jahre alte Kulturlandschaft. Hier bezeugen mehr als 160 nachgewiesene Schmelzplätze für Kupfer mit Schlacken aus der Morgendämmerung der Geschichte das älteste prähistorische Industriezentrum Europas.
Das Schmelzen und Bearbeiten von Kupfer und Eisen bedurfte einer Hitze jenseits der 1000 Grad und damit zweier Erfin-

dungen, ohne die es den Beruf des Schmieds gar nicht gäbe: die Verbesserung des Heizwerts von Holz durch Verköhlern zu Holzkohle und die Zufuhr zusätzlichen Sauerstoffs durch Blasbälge, damit die Temperatur noch höher klettere. Womit geklärt wäre, daß der Blasbalg wirtschaftsgeschichtlich die Erfindung des Rades an Bedeutung noch übertrifft; der Menschheit wäre sonst der Übergang von der Stein- zur Bronze- und Eisenzeit gar nicht geglückt. Daß hohe Kulturstufen des Rades nicht bedurften, beweisen Azteken, Maya und Inkas. Um Christi Geburt schlief der Kupferbergbau ein, nachdem er mindestens 20.000 Tonnen Kupfer erbracht hatte. Talstation dieses Bergbaus war seit jeher Bischofshofen als prähistorische Kultstätte, von der aus auch um 700 die Christianisierung der Täler Innergebirg begann.

Vom Arthur-Haus folgen wir den Schildern „Arnoweg" (Markierung Nr. 436 und 401 A), der westwärts ungefähr der 1500-Meter-Schichtlinie folgt. Anfangs geht es leicht bergab zu einem großartigen Aussichtsbalkon, auf dem die Windraucheggalm steht. Es folgt eine breite Mulde, die steil zur Mandlwand hinaufzieht. Und dann erreichen wir nach sanftem Abstieg abermals einen prächtigen Ausguck, die Riedingalm unterhalb der Bratschenköpfe (Bratschen = mürbes Gestein).

In dieser prachtvollen weiten Bucht standen bis knapp vor die Jahrtausendwende noch zwei Sprungschanzen. Sie erinnerten an den Mühlbacher Weltmeister Sepp Bradl, der 1936 auf der Großschanze im slowenischen Planica als erster Mensch mit Skiern weiter als 100 Meter gesprungen ist.

Dieses Märchen vom Aufstieg eines armen Buben zum Weltmeister begann mit den Familien norwegischer Direktoren des Kupferbergbaus. Sie brachten nämlich schon zur Jahrhundertwende Skier aus dem Norden nach Mühlbach.

Deshalb gründeten die Mühlbacher 1908 einen der ersten österreichischen Skiklubs, bauten 1912 die erste Sprungschanze des Landes und machten ihr abgeschiedenes Bergdorf zum Mittelpunkt des nordischen Skilaufs in Österreich – mit Sepp Bradl als Galionsfigur.

## TRAINING AUF AUSDAUER

*Fit in die Berge und nicht fit durch die Berge. Schließlich schlägt im Gebirge der Tod durch Überanstrengung ungleich häufiger zu als durch Absturz. Zudem ist Freizeitsport – der Gesundheit oder einer Leistung wegen – die optimale Einstiegshilfe, um den Lebensstil zu ändern. Die „Bedingung" dafür heißt „Kondition". Man erwirbt sie durch Training, dessen Wirkung von Dauer, Häufigkeit und Intensität abhängt. Die beiden ersten Faktoren kann man der Uhr und dem Kalender ablesen, die Intensität hingegen nur der Herzfrequenz (Puls).*

*Setzen wir als Faustregel für die Konditionierung zu Gesundheitssport dreimal wöchentlich 20 bis 30 Minuten Dauerbelastung an, dann dosieren wir die Intensität (Pulsfrequenz) nach dem angestrebten Zweck.*

*Dazu eine auf den ersten Blick verwirrende Rechnung: Der Puls (P) zeigt die Leistung des Herzens an. Wir errechnen zuerst die dem Alter angemessene maximale Pulsfrequenz, indem wir von 220 das Alter abziehen.*

*Der Maximalpuls (Pmax) für 30jährige steht dann bei 190, für 60jährige bei 160. Dann messen wir den Ruhepuls (Pr), der durchschnittlich annähernd 75 beträgt. Nun ziehen wir Pr vom altersgemäßen Pmax ab, macht in unseren Beispielen 190 – 75 = 115 bzw. 160 – 75 = 85. Diese Zahl (Pmax – Pr) merken wir uns.*

*Jetzt bestimmen wir das Trainingsziel (Neuling, leichtes Ausdauertraining etc.). Für unseren Zweck heißt das leichtes Ausdauertraining (nie Luftmangel!). Die dafür erforderliche Intensität lesen wir der Pulsfrequenz nach der Formel ab: Ruhepuls (Pr) plus 70 Prozent aus (Pmx – Pr). Nach unseren Beispielen: 70 Prozent von Pmax minus Pr (also 115 bzw. 85) sind 80 bzw. 60. Dies dem Ruhepuls von 75 hinzugerechnet, ergibt Puls 155 für 30jährige und 135 für 60jährige bei leichtem Ausdauertraining.*

*Der Trainingszweck stellt sich ein, wenn der Ruhepuls sinkt (auf etwa 60) und die Frequenz nach Anstrengung schneller zum Ruhepuls zurückkehrt.*

*Alles dies rät zum Kauf einer Uhr mit Pulszähler. Das kostet rund 1000 Schilling und ist eine lohnende Investition in die Gesundheit.*

Aus dem Riedingtal steigen wir nun südwärts hinauf auf einen grasigen Kamm, der vom Gamskarl unterm Bratschenkopf herunterstreicht. Er begrenzt einen prachtvollen Almboden, auf dem die „vier Hütten" der Widdersbergalm stehen. Die „Brandstätthütte" ist immer noch voll bewirtschaftet; kein Wunder bei diesem opulenten Angebot an Bergwiesen.

Hier ist unser Wendepunkt. Nach der Rückkehr zum Arthur-Haus stünde noch ein kurzer Abstecher auf den Troiboden die geringe Mühe von rund 90 Höhenmeter Anstieg entlang dem Schlepplift östlich des Arthur-Hauses dafür. In diesem ausgedehnten Moor, dessen Tümpel bestechende Spiegelbilder der Mandlwand liefern, wurde noch bis in die 20er Jahre Torf gestochen. Damit heizten die Bergknappen ihre Wohnungen auf dem Mitterberg. In dieser Gegend kreuzen wir auch eine rund 1,5 Kilometer lange Kette von Trichtern, die an Bombenkrater erinnern. Das sind die „Binggen", eingebrochene Stollen und Abbaustätten aus der Bronzezeit. Damals bohrten die Bergleute Stollen bis zu 120 Meter tief in den Berg hinein, indem sie das Gestein mit Holzfeuer erhitzten und dann mit kaltem Wasser abschreckten. Das riß Sprünge und lockerte auf diese Weise den Felsen und bot dem Stein- oder Bronzewerkzeug Ansatzpunkte, um das Hauwerk abzuschlagen.

Alles in allem wäre deshalb der Besuch des Mühlbacher Bergbaumuseums der würdige Abschluß eines großartigen Wandertages (Info Tel. 06467/7235).

## BIRGKAR-HÖHENWEG 20

***Ein halbes Jahrtausend Almwirtschaft***

*Anfahrt nach Mühlbach am Hochkönig. Die Auffahrt mit dem Bus von Mühlbach zum Arthur-Haus erweist sich spätestens dann als klug, wenn man nach der Rückkehr mit dem Bus vom Dientner Sattel bzw. dem Birgkarhaus in Mühlbach feststellt, daß nun noch der Pkw beim 7 km entfernten Arthur-Haus abgeholt werden muß. Erschöpfende Information für eine umsichtige Planung erteilt der Fremdenverkehrsverband Mühl-*

*bach (Tel. 06467/7235).*
*Start Arthur-Haus 1502 m, Ziel und zugleich tiefster Punkt Birgkarhaus 1379 m, höchster Punkt Südkamm der Taghaube 1597 m.*
*Insgesamt 11 km, 250 Höhenmeter Anstieg, 3,5 Stunden Gehzeit.*
*Diese Wanderung läßt sich um annähernd 3 km durch den Abstieg aus dem Birgkar zum Birgkarhaus verkürzen.*

Ab dem Arthur-Haus halten wir uns auf dem Arnoweg (Markierung Nr. 436 und 401 A) westwärts wie in Route 19 zur Widdersbergalm. Auf dem Weg über die Almböden unterhalb der Mandlwand und der Bratschenköpfe durchqueren wir eine von 600jähriger Almwirtschaft geprägte Kulturlandschaft. Von der Sonne braungebrannte Almhütten stehen auf Wiesen, deren Gras nach uralter Volksweisheit „sogar ein kranker Bauer fressen mag“, weil der Anteil an Kräutern auf diesen Bergwiesen besonders hoch ist.
Das Bevölkerungswachstum nach den Schrecken der Pest erforderte die Ausdehnung der landwirtschaftlichen Fläche, da man als Dung lediglich den Mist der Haustiere kannte und daher keine intensive Landwirtschaft betrieb. Man brauchte im klimatisch begünstigten Tal mehr Anbaufläche für Getreide, daher erschloß die Rodung in höheren Lagen Viehweiden. Die Grünmaißalm unterhalb der Mitterfeldalm dokumentiert diesen Vorgang: Maiß stammt vom althochdeutschen „maizan“ ab und heißt roden. Diesem Flurnamen „Maiß“ begegnen wir in unserem Land häufig.

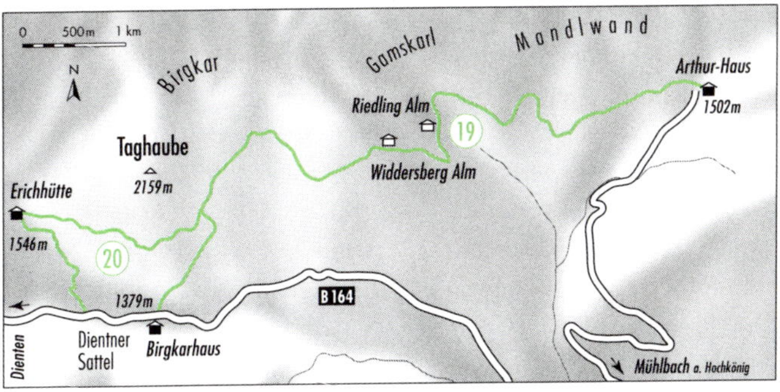

In einer Landschaft wie dieser mochte Benedikt Pillwein beobachtet haben, was er 1839 beschrieb: „Beschwerlich ist die Heuärnte auf steilen Bergwiesen. Die Arbeiter sichern ihre Tritte durch Fußeisen oder befestigen sich in ein langes Seil, oder lassen sich wohl gar vermittelst desselben über Felsen hinunter, um einige Büschel Gras zu erobern. Nur zu oft verlieren sie ihr Leben auf eine jammervolle Art. Von den Bergen herab geschieht das Heuziehen durch Menschen; aber es gehört wieder eine besondere Gewandtheit dazu, daß man nicht verunglückt. Gut ist es, daß solche Leute stark das Heimweh haben, wer würde sich sonst zu solchen Arbeiten verstehen?"
Ein kurzes Stück jenseits der Widdersbergalm schwenken wir ein in das riesige Birgkar, durch das ein teilweise gesicherter Steig zum Matras-Haus auf dem Hochkönig führt. Dieses Haus hat eine ungewöhnliche Geschichte. Die Anregung lieferte ein vergoldetes Kreuz, das betuchte Bayern auf der Zugspitze hatten aufstellen lassen. Also beschlossen die Knappen des Mühlbacher Kupferbergbaus 1865 statt eines Kreuzes, das „viel Geld kostet und wenig Nutzen schafft", aus eigenen Mitteln auf dem Hochkönig „eine kleine Hütte aus Mauerwerk womöglich an einem Tag" zu erbauen. Es kostete allerdings fünf Sonntage, ehe Dutzende Mühlbacher aus dem Tal alles Baumaterial auf den Gipfel geschleppt, dort aus ungelöschtem Kalk, Schnee und Sand den Mörtel angemengt und eine Hütte von 2,8 Meter Länge, 1,8 Meter Breite und gleicher Höhe unter Dach gebracht hatten – „immerhin Lagerstätten für zwei Mann, die eine Nacht auf der Spitze zubringen" wollten. Das wollten so viele, daß 1898 ein respektables Haus diese Hütte ersetzte.
Auf Höhe 1539 Meter kreuzen wir den Birgkarsteig und setzen unseren Weg Richtung Erich-Hütte fort. Nach etwa 400 Metern zweigt talwärts der Weg Nr. 433 als kurzer Abschneider hinunter zum Birgkarhaus ab. Wer dennoch auf dem „Arnoweg" westwärts weitergeht, wird auf der fast 1,5 Kilometer langen Wanderung quer durch die Südflanke der Taghaube mit einem großartigen Rundblick auf die Hohen Tauern belohnt.

Wendepunkt unseres Ausflugs ist die Erich-Hütte, von der wir zeitgerecht südostwärts knapp 200 Höhenmeter zur Bushaltestelle beim Birgkarhaus absteigen.

## RUNDWANDERUNG KALLBRUNNALM 21

***„Eine Art von religiöser Achtung für Schießscheiben"***

*Anfahrt nach Weißbach b. Lofer, Auffahrt Richtung Hirschbichl bis zum Weiler Stocklaus. Start und tiefster Punkt Stocklaus 915 m, Ziel Dießbachstausee 1415 m, höchster Punkt Kallbrunnalm 1470 m. Insgesamt 14 km, 650 Höhenmeter Anstieg, 4,5 Stunden Gehzeit.*

Auf dieser Wanderung rund um den Hochkranz sollte uns der Marsch auf Fahrwegen nicht stören – sie sind für den öffentlichen Verkehr gesperrt und eröffnen uns Panoramen, die man tief drunten im engen Saalachtal nicht für möglich hält.

Von Stocklaus wandern wir – das schroffe Kammerlingshorn vor Augen – auf der Hirschbichlstraße noch 1,5 Kilometer weit nordostwärts. Knapp vor der Kehre über den Weißbach zweigen wir nach rechts (südostwärts) auf den mit E 4 und 01 markierten Weitwanderweg ab. Nach sanften 100 Höhenmetern lichtet sich vor der Weißbachalm der Wald und gibt stückweise den Blick nordostwärts auf die Wände der Reither Alpe frei.

Gleich jenseits der Weißbachalm biegen wir nach rechts in den mit Nr. 401 markierten Fahrweg ein, der in zwei Kehren und durch einen Graben den Waldgürtel überwindet. Und da stehen wir vor den Westabstürzen des Steinernen Meeres und am Rand der ausgedehnten Almen auf Kallbrunn. Noch eine Kurve und schon tut sich auf einem flachen Sattel die großartige Ansicht der Leoganger Steinberge jenseits dieser Almenstreusiedlung auf.

Ehe wir dort Pause machen, wandern wir noch ostwärts leicht bergab zum Dießbachstausee. Von hier leitet ein Stollen das Wasser nahezu waagrecht südwärts durch den Rauchkopf zur Stoßwand und über eine Druckleitung 700 Höhenmeter hinunter zum Dießbach-Kraftwerk. Der An-

blick dieser Leitung von der Straße Saalfelden-Lofer erregt bereits Schwindel; schwerlich also auszumalen das Gefühl, mit dem Materialaufzug diese Steilwand hinanzuschweben. Mehr als ein Dutzend verstreut liegender Almhütten auf Kallbrunn erinnern an einen Krippenberg, soferne man sich auf den meist schindelgedeckten Dächern dicke Schneepolster vorstellt. Hier lohnt auch noch ein Abstecher nordwestwärts über den riesigen Grashang Richtung Hochkranz. Es genügen annähernd 200 Höhenmeter auf dem mit Nr. 31 markierten Steig bis zum Rücken, der vom steil zugespitzten Hochkranz ostwärts herunterzieht. Der Rundblick von der Reither Alpe über das Steinerne Meer, die Keesberge im Süden und die Steinberge von Leogang und Lofer sowie im Vordergrund die idyllischen Hütten – das zählt zum Eindrucksvollsten, was unsere Berge an Panorama bieten.
In dieser Gegend kann man sich gut vorstellen, was dem Wiener Arzt J. A. Schultes 1804 bei seiner „Reise durch Salzburg und Berchtesgaden" im Pinzgau auffiel: „Die zahllose Menge der an Häusern aufgehängten Schießscheiben, denen eine Art von religiöser Achtung gezeigt wird. Es ist mir bei dieser Jagdwuth der Gebirgebewohner, die hundert

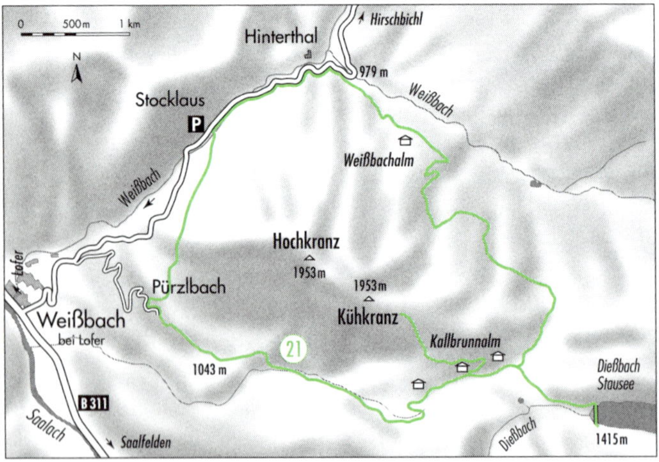

*Die Litzlalm, dahinter die gewaltige Wandflucht der Reither Alpe (Schrofner).*

Mahl ihr Leben wagen, um einen Gamsbock zu erlegen, unbegreiflich, wie der weise geistliche Fürst (Erzbischof Colloredo) hoffen konnte, durch die Strenge der Jagdgesetze und die Barbarey der verhängten Strafen seinen Unterthanen ein Vergnügen zu verleiden, das sie so gerne mit ihrem Leben bezahlen. Während der dreyßigjährigen Regierung des letzten Erzbischofes wurden allein hundert und einige vierzig Menschen im Erzbisthume, teils Jäger, teils Bauern, erschossen."
Von der Kallbrunnalm folgen wir dem mit Nr. 411 markierten (für den Verkehr gesperrten) Fahrweg westwärts hinunter nach Pürzlbach, einem Weiler in beneidenswert schöner Lage auf einem Balkon 400 Höhenmeter über dem Tal. Vor lauter Schauen und Staunen sollte man nicht die Abzweigung des Waldweges ostwärts nach Stocklaus übersehen.

## HUNDSALM-HÖHENWEG 22

***Entlang den Kalktürmen der Reither Alpe***

*Anfahrt über Weißbach bei Lofer nach Reubl am Hirschbichl. Abfahrt Knappenstadl nach Lofer. Taxi von Weißbach auf der teils gesperrten Straße zum Hirschbichl (Info Tel. 06582/8383), Taxi vom*

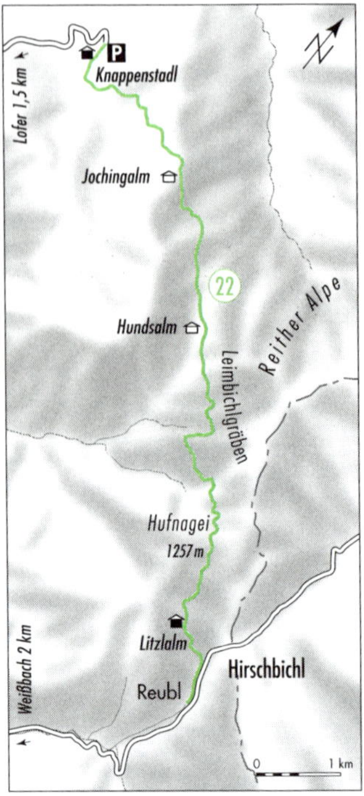


*Knappenstadl nach Lofer und Bundesbus nach Weißbach (Info Tel. 06588/83210 bzw. 06582/8383).*
*Start Reubl 1130 m, höchster Punkt Hundswald 1370 m, tiefster Punkt und Ziel Gasthof Knappenstadl bei Lofer 720 m.*
*Insgesamt 10 km, 450 Höhenmeter Anstieg, 850 Abstieg (davon 600 auf den letzten 2,5 km), 4 Stunden Gehzeit.*

Wir ziehen 200 Höhenmeter Anstieg und einen etwas längeren Weg von Reubl nordwärts zur Wegekreuzung Hufnagei (Markierung Nr. 35 und 27) dem noch moderateren Direktweg vom Hirschbichl vor. Es wäre nämlich eine schwere Unterlassung, sich nicht den grandiosen Anblick der Reither Alpe von der Litzlalm (1334 m) aus zu gönnen: spitze Kalktürme, wilde Zacken, riesige Abbrüche. Und unterhalb dieser Wandfluchten führt unsere Höhenwanderung in das Loferer Talbecken.
Von der Litzlalm steigen wir nordwärts knapp 100 Höhenmeter ab zum Hufnagei, folgen nun dem „Arnoweg" mehr oder minder entlang der 1200-Meter-Höhenschichtlinie durch die Laimgräben unter den Westabstürzen der Reither Alpe und in kurzem Anstieg zur Hundsalm – abermals einem großartigen Platz zum Schauen und Staunen. Viele Viehtritte setzen dem Weg quer über die Almwiesen hinauf zum Wegweiser in einem Sattel zumal nach Regen stark zu. An diesem Punkt lassen wir den „Arnoweg" nach rechts abschwenken. Wir halten uns links (nordwestwärts)

*Frühlingsblüte auf der Loferer Alm, im Hintergrund die Loferer Steinberge.*

nach der Markierung 24 ein kleines Stück bergan und dann beständig bergab über die Jochingalm und fortan nach der Markierung 25 b hinunter zum Knappenstadl. Dort bleibt bei einem Glas Bier reichlich Zeit, das Taxi von Lofer zu rufen. Denn die letzten 2,5 Kilometer nach Lofer hinunter sind nach dieser eindrucksvollen Höhenwanderung das Konditionstraining nicht wert.

## LOFERER ALM 23

***„Bester Käse dank den aromatischen Kräutern"***

*Anfahrt nach Lofer/Mautsträßchen auf die Loferer Alm. Start Parkplatz beim Haus Schönblick 1425 m, Ziel und höchster Punkt Steinplatte 1869 m, tiefster Punkt Schwarzwaldgraben 1360 m. Insgesamt 15 km, 600 Höhenmeter Anstiege, 5,5 Stunden Gehzeit.*

Dem Salzburger Theologen und Topographen Lorenz Hübner mißfiel 1796 an der Loferer Gegend einiges: „Das weibliche Geschlechte ist meistens klein und dem größeren Theile nach übel gestaltet. Die Lustseuche (= Syphilis) kennt der hiesige Landmann nicht; dafür aber werden beyde Geschlechter den Winter hindurch mit einem ekelhaften Ausschlage befallen, den sie dem Jucken des lodenen Wintergewandes zuschreiben, der aber wahrscheinlicher von der Unreinlichkeit ihrer selten gelüfteten Kleidung kommt."
Hingegen zeigte sich vier Jahre

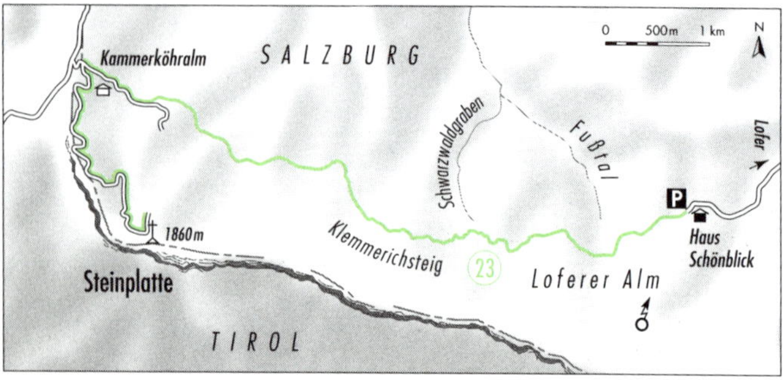


später der Salzburger Domherr Friedrich Spaur von dieser Gegend beeindruckt: „Auf die sogenannte große Loferer Alpe werden über 1500 Stück Hornvieh getrieben, die sich vom Junius bis Ende September auf den üppigsten Weideplätzen nähren. Die Sendinnen dieser Alpe verfertigen den besten Käse, und das von den dortigen aromatischen Kräutern genährte Vieh giebt mehr und bessere Milch als jenes der angränzenden Bergweiden." Dafür bedauert Spaur, daß der Preis für ein Kilo dieses Käses um fast 50 Prozent auf den Taglohn eines Handwerksgesellen gestiegen sei.

An den üppigsten Weiden und den aromatischen Kräutern hat sich bis heute nichts geändert. Das bestätigt die Wanderung vom Parkplatz westwärts auf dem Klemmerichsteig (Markierung 201 A und 01) über eine lange Bodenwelle in das Fußtal. Hier beginnt der Wald und wir wandern nordseitig am Aukogel vorbei in den etwas sumpfigen Schwarzwaldgraben hinein und dann entlang der 1500-Meter-Höhenschichtlinie rund drei Kilometer vorwiegend durch Wald zur Kammerköhralm. Ein halbes Dutzend Lifte im Sommerschlaf stört kaum, derweil wir südwärts auf einem Fahrweg (Markierung Nr. 11) hart entlang einer senkrechten Wandflucht und der Landesgrenze mit Tirol zu den beiden Gipfelkreuzen der Steinplatte aufsteigen. Der berückende Anblick des Wilden Kaisers im Westen und der wilden Loferer Steinberge im Südosten entschädigen reichlich für die Mühe des Anstiegs.

Rückkehr wie Hinweg.

# Grasberge

*Blick vom Schöntaljoch auf den Großvenediger (SLT).*

Die sanften und saftigen Grasberge quer durch Pongau und Pinzgau sind für Augen und Beine ein angenehmer Kontrast zu den scharfkantigen, bleichen, abweisenden Kalkbergen. Wir kommen an vielen Almen vorbei – und wo Almvieh weidet, fehlt es zum Glück auch nie an ausreichendem Wasserangebot.

Das geschätzte Pinzgauer Rind steht mit 28 anderen Arten auf der „roten Liste" der vom Aussterben bedrohten Haustiere. In Österreich zählt man noch 5600 Stück und daneben rund 50.000 eingekreuzte Tiere dieser Rasse, deren Qualität das Fleisch und die Inhaltsstoffe der Milch sind.

Womit wir auf ein neues Weltproblem stoßen. Die UNO-Organisation für Ernährung und Landwirtschaft (FAO) schlug 1998 Alarm: Hochspezialisierte Landwirtschaft mit Konzentration auf wenige besonders produktive Rassen riskiere das Aussterben eines Drittels jener 5300 Nutztierrassen, die binnen 12.000 Jahren aus 35 „Urrassen" gezüchtet worden waren. Damit gehe genetisch wertvolles Material verloren – gar nicht zu reden vom Bedarf der rund 800 Millionen Hungernden in der Dritten Welt.

Die Grasberge bilden nördlich von Salzach und Enns einen grünen Kamm von 110 Kilo-

meter Länge. Dazu kommen nochmals 70 Kilometer Grasberge, die den Tauern zwischen Fusch und Forstau vorgelagert sind. Ihr Reiz sind die Nord-Süd-Kämme, die in großartigen Aussichtskanzeln enden – wie dem Lackenkogel oder dem Schuhflicker.
Zugleich vermitteln uns diese unscheinbaren Grasberge zwischen den Bergriesen im Norden und Süden ein eigenartiges Gefühl von Freiheit und Höhe. Diesen Psychotrick spielt die Natur mit uns, indem sie zwischen Kalkbergen, Grasbergen und Tauern tiefe Täler aushob.
Häufig gehen in diesen Grasbergen die höchsten Bauernwiesen über in weite Almen. Dieser Vorzug erklärt, warum Maria Alm oder Saalbach zu international geschätzten Skizentren aufstiegen.
Charakteristisch für die Grasberge ist auch der Zwergstrauchgürtel zwischen Waldgrenze und alpinen Rasenböden. Jedermann kennt die Alpenrose, die im Juni einen roten Teppich über die Berge legt, sowie die Kleinsträucher der Heidel- und der Preiselbeeren, die erst ab August reifen.

## ZAUCHENSEE HÖHENWEG 24

***Moderne Skizentren halten Sommerschlaf***

*Anfahrt nach Altenmarkt/ Zauchensee.*
*Start bei der Bergstation der Gamskogelbahn 1890 m, höchster Punkt Lackenkogel 2051 m, Ziel und tiefster Punkt „Neuhäusl" 940 m.*
*Insgesamt 12 km, 400 Höhenmeter Anstieg, 1200 Höhenmeter Abstieg, 4 Stunden Gehzeit.*
*Vor Antritt dieser Tour sollte der Transport organisiert sein. Zweckmäßig wäre die private Anfahrt bis zum Gasthof Neuhäusl am Eingang der „Zauch" (hier endet etliche Stunden später unsere Wanderung) und die 7 km lange Weiterfahrt zur Gamskogelbahn mit dem Bus oder dem Taxi (Info Tel. 06452/5511).*

Unsere Wanderung beginnt zwar moderat westwärts quer durch den weiten Seekarkessel, bringt uns aber dann auf einem scharfen Anstieg über 100 Höhenmeter gehörig auf Betriebstemperatur. Aus dem Sattel zwischen Ache und Tagweidegg steigen wir nordwärts

kurz ab durch den Hochkessel in das Wurmkar und queren unter dem Hirschköpfl nordwärts hinaus zum Scharnier der Liftschaukel zwischen Flachau-Winkel und Zauchensee.
Mit dem kurzen Anstieg auf den Hinterkogel überlassen wir das erschlossene Skigebiet dem Sommerschlaf und folgen dem markierten Steig erst an der Westseite und dann auf dem Scheitel des Kammes bis zu einer ausgeprägten Senke, aus der nach rechts der Weg auf den glatten Lackenkogel abzweigt. Rund 100 sanft ansteigende Höhenmeter sind die grandiose Rundsicht von dieser vom Alpenhauptkamm weit vorgeschobenen Kanzel leicht wert.
Ein Blick hinunter auf die junge Enns, die in weitem Bogen nordwärts um den Feuersang fließt, ruft eine bemerkenswerte Episode in Erinnerung. Erzbischof Wolf Dietrich (1587–1612) versuchte um 1600, die Enns nach Norden über Eben in das Fritztal abzulenken, um in den Halleiner Sudhäusern dringend benötigtes Holz aus dem Ennspongau in die Salzach zu triften. Wolf Dietrichs Techniker scheiterten an zwölf Höhenmetern vom Ennstal hinauf auf die „ebene" Senke (Eben) vor dem Fritztal.
Der Holzbedarf in Hallein stieg nämlich gewaltig an, nachdem der Erzbischof die Halleiner Salzproduktion von durchschnittlich 22.000 Jahrestonnen auf deren 36.000 hinaufgetrieben hatte, um den Umbau des engen mittelalterlichen Salzburg zu einer lichten italienischen Barockstadt zu finanzieren. Diese Salzmenge kostete einen Holzstoß von einem Meter Höhe, einem Meter Breite und 210 Kilometer Länge.
Auf dem Abstieg vom Lackenkogel Richtung Altenmarkt passieren wir die Lackenalm (1740 m), die ausnehmend schön in einer ostwärts offenen Mulde liegt. Das Panorama vom Dachstein bis zum Tennengebirge spiegelt sich dort in einem winzigen Almsee und wäre etliche Fotos wert. Fortan geht es auf dem Fahrweg (mit einigen Abschneidern) durch den Wald hinunter bis zum Sattelbauern und nordostwärts auf dem markierten Weg durch den Kohlgraben direkt hinunter zum „Neuhäusl".

Die Straßenbauer entlasteten Altenmarkt um den dichten Durchzugsverkehr zwischen Tauernautobahn und Steiermark. Deshalb böte die Heimfahrt die eher seltene Gelegenheit, das Marktzentrum näher in Augenschein zu nehmen: das großzügige Ensemble Kirche-Karner-Dechanthof und nebenan das hervorragend gestaltete Heimatmuseum im ehemaligen Bruderhaus.

## GRIESSENKAR-HÖHENWEG 25

***Der „Flying Mozart" fliegt nicht, er hängt***

*Variante a) Anfahrt nach Flachau/Grießenkarbahn (Info Tel. 06457/2221).*
*Start und zugleich tiefster Punkt Bergstation 1737 m, höchster Punkt Saukarkopf 2014 m, Ziel Ahornkarkopf 1923 m.*
*Insgesamt 9 km, 450 Höhenmeter Anstieg, 3,5 Stunden Gehzeit.*
*Variante b) Anfahrt nach Wagrain/Grießenkarbahn („Flying Mozart"; Info Tel. 06413/8448).*
*Start Bergstation 1845 m, höchster Punkt Saukarkopf 2014 m, Ziel Ahornkarkopf 1923 m, tiefster Punkt Wagrainer Haus 1750 m.*
*Insgesamt 7 km, 450 Höhenmeter Anstieg, 3 Stunden Gehzeit.*

Beide Varianten beginnen mit dem direkten Anstieg zum weithin sichtbaren Kreuz auf dem Grießenkareck. Jenseits des Gipfels wandern wir südwärts leicht bergab in eine flache Senke, in der wir auf die Markierung 714 stoßen. Wir halten uns weiterhin an diese Nummer auf der prächtigen Kammwanderung am Felsklotz Saukarfunkel vorbei zum Saukarkopf und abermals durch eine Senke auf den Ahornkarkopf.
An dieser Wendemarke bieten sich erwägenswerte Varianten an. Man könnte die Höhenwanderung südwärts ein beliebiges Stück durch den Frauenalmsattel auf den Kleinarler Höhenweg (Route Nr. 26) ausdehnen. Auch im Gegensinn ließe sich von der Bergstation der Kleinarler Sesselbahn (Info Tel. 06418/206) neben dem Mooskopf der Höhenweg nordwärts bis zum Grießenkareck und zurück unter die Beine nehmen. Schließlich

## FIT STATT FETT

*Zu den erfreulichsten Erscheinungen auf unseren Bergen zählt der erstaunlich hohe Anteil an Senioren unter den Wanderern. Sie tun nämlich Wesentliches für ihre Gesundheit, damit für ihr Wohlbefinden und also für ihre Mobilität und Selbständigkeit. Sie beugen dem Risiko vor, ein Pflegefall zu werden und ihr Selbstwertgefühl zu verlieren.*

*„Fett statt fit" – so faßte eine Zeitung 1999 die alarmierende Bilanz einer sportmedizinischen Untersuchung von 67.000 österreichischen Jugendlichen zwischen 10 und 14 Jahren zusammen. Danach ist die Fernsehcouch für 80 Prozent das liebste Sportgerät; nur gut 15 Prozent treiben regelmäßig Sport; die Fetten stechen die Zahl der Fitten bei weitem aus. Ein Effekt: fast ein Drittel der 18jährigen ist für den Wehrdienst körperlich untauglich.*

*Natürlich bietet das nicht den mindesten Grund, über die „heutige Jugend" herzufallen. Wie viele Eltern stellen ihren Nachwuchs durch das Fernsehen ruhig? Warum fordert die Sportmedizin seit den 20er Jahren die tägliche Turnstunde, von der wir zur Jahrtausendwende weiter denn je entfernt sind?*

*Fitness kann man durch regelmäßige, aber mäßige Dauerbelastung erwerben und lange erhalten. Daraus folgt dreierlei:*

*1. Regelmäßiges Fitnesstraining entwickelt einen hellwachen Sinn für den Körper; man kennt sich im eigenen Körper aus. Die Bedeutung dieser Selbstkenntnis ist daran zu ermessen, daß in den Bergen ungleich mehr Menschen durch Herzversagen als durch Absturz zu Tode kommen.*

*2. Alle körperlichen Voraussetzungen für Sport nehmen trotz Trainings mit den Lebensjahren ab; weitaus am langsamsten die Ausdauer.*

*3. Regelmäßiges Fitnesstraining bremst die langsame Kapitulation vor kleinen Unbequemlichkeiten: Man spart einen Weg in den Keller, meidet das Bücken, verzichtet auf den Einkauf, fährt mit dem Lift schon in den ersten Stock usw.*

*Alle diese kleinen Kapitulationen ergeben ein lähmendes Mißerfolgserlebnis mit allen Konsequenzen für Wohlbefinden, Selbständigkeit und Selbstwertgefühl.*

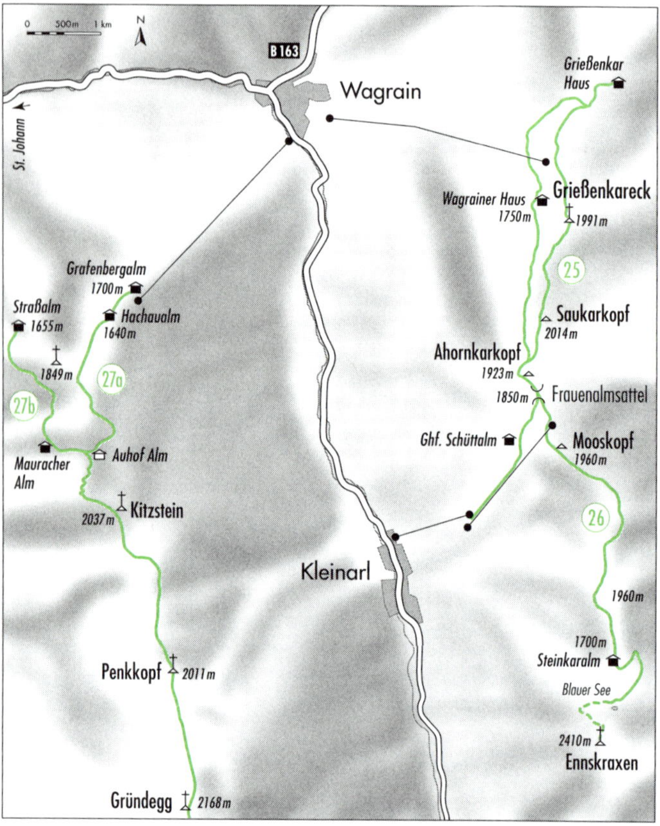


gäbe es noch die Sparvarianten: Auffahrt von Wagrain/ Flachau und Talfahrt nach Kleinarl oder umgekehrt.
Wir drehen jedenfalls auf dem Ahornkarkopf um und wählen dieses Mal den unteren (linken) Strang des mit Nr. 714 markierten Weges ziemlich genau entlang der 1900-Meter-Schichtlinie an der Westseite des Kammes bis zum Rücken, der das Grießenkar westseitig begrenzt.
Über diesen Rücken steigen wir ab zum Wagrainer Haus und kehren je nach Variante zurück zur Bergstation – zu jener des „Flying Mozart" deutlich näher, denn von dort war drei oder mehr Stunden vorher der Anstieg auf das Grießen-

kareck auch deutlich kürzer. Bei der Talfahrt mit dem „Flying Mozart" dürfte manch einer seine Phantasie strapazieren, um sich einen „fliegenden Mozart" vorzustellen.
Weil wir damit schon die grauen Zellen stark aktiviert haben, könnten wir einer Frage nachhängen, die sich als überraschend verzwickt erweist: Wer ist der berühmteste Salzburger? Gewiß wird alle kultivierte Welt samt ihren Adabeis den Mozart – meinen wir. Kultivierte Chinesen, Inder, Araber oder Yoruba rechnen allerdings den Mozart durchaus nicht zu den Pflichtstücken ihrer Allgemeinbildung.
Wie wäre es dann mit dem „Stille Nacht"? Dieses Weihnachtslied ersannen der Hilfspriester Josef Mohr und der Lehrer Franz X. Gruber im Salzburger Flachgau; sie brachten es erstmals 1818 in Oberndorf bei Salzburg zu Gehör. Mohr starb 1848 als Pfarrvikar von Wagrain und liegt auf dem Ortsfriedhof begraben. Sein Liedtext wird in rund 160 Sprachen gesungen; doch die Sänger kennen weder das Duo Mohr/Gruber noch gar Salzburg.
Und wieviele Musikfreunde wissen, daß Mozart aus Salzburg stammt?
Damit bleibt die Frage nach dem berühmtesten Salzburger mangels Vergleichbarkeit weiterhin offen.

## KLEINARLER HÖHENWEG 26

***Bergseen neuen Typs für die Schneekanonen***

*Anfahrt nach Kleinarl/Talstation Sesselbahn (Info Tel. 06418/206).*
*Start Bergstation 1920 m, Ziel Blauer See 1925 m, höchster Punkt Mooskopf, tiefster Punkt Steinkaralm 1700 m. Insgesamt 9 km, 450 Höhenmeter Anstieg, 3,5 Stunden Gehzeit.*

Die Kleinarler Sesselbahn trifft auf der Wasserscheide zwischen Enns und Salzach gleich mit drei anderen Liften zusammen, die den Skibetrieb an diesem großartigen Aussichtsplatz zwischen Großglockner und Dachstein erahnen lassen. Hier machen wir uns nach der Markierung Nr. 22 südwärts auf den Weg; zuerst die paar Meter auf den Mooskopf hinauf, denn dort bereichert der freie Blick nach Süden das Panorama um die Kalkklötze rund um das Mosermandl und den Faulkogel. Wir wandern weiter den grasigen Kamm entlang, an der verfallenen Weissenhofalm vorüber und durch den schief am Bergkamm hängenden Sattel an der Westseite des Moserecks zur Steinkaralm. Hier biegen wir ostwärts ab auf den Weg Nr. 10, steigen auf bis zum Kamm und drehen wieder südwärts zum idyllischen Blauen See unter der klotzigen Ennskraxen. Der Abstecher über 400 Höhenmeter durch schrofiges Steilgelände auf diesen Gipfel erfordert Trittsicherheit und dauert hin und zurück annähernd zwei Stunden.

Der Blaue See bleibt indessen Wendepunkt unserer Höhenwanderung, die wir ab der Bergstation neben dem Mooskopf noch um 600 Höhenmeter talwärts und gut eine Gehstunde bis zur Mittelstation verlängern können. Wir halten auf den Frauenalmsattel zu und verlassen uns dort auf den vielarmigen Wegweiser, der nach links (südostwärts) Richtung Kleinarl zeigt (Markierung Nr. 22).

Nach 150 Höhenmetern kommen wir bei der Schüttalm an einem Nebenziel dieser Wanderung vorbei, an einer neuen Art von Bergsee. Man kennt ihm kaum noch an, daß er künstlich aufgedämmt ist und im Winter die Schneekanonen mit Munition beliefert. Denn der Klimawandel hat bereits die mittleren Lagen unserer Skiberge erreicht: statt des Schneefalls zunehmend häufig Regen. Also stellt die Technik Schnee mit Kanonen her. Sie zerstäuben unter hohem Druck Wasser, das bei minus drei Grad zu Schnee kristallisiert. So kamen in Österreich 1996/97 rund 17 Prozent der Pisten zu ihrem Schnee und im folgenden Winter bereits doppelt so viele.

Bergseen dieses neuen Typs, denen wir zumal in den Grasbergen häufig begegnen, entnehmen die Schneekanonen für 35 Zentimeter Neuschnee je Quadratmeter annähernd 120 Liter Wasser – knapp die Füllung einer Badewanne. Um einen Hektar den Winter über schneesicher zu machen, verbraucht so eine Schneekanone rund 20.000 Kilowattstunden Strom. Für 15 Hektar Schneefläche kommt das auf so viel

Energie, wie ein Jumbojet für einen Flug von München nach Mallorca frißt.
Ökologische Langzeituntersuchungen haben ergeben, daß dieser Kunstschnee die Vegetationszeit der Pflanzen auf Pisten verkürzt und ihre Vielfalt vermindert; doch laut dem ökologisch recht rigorosen World Wildlife Fund sind die „nicht erheblichen" Auswirkungen des Kunstschnees auf die Natur als Preis für die ökonomisch gesicherte Existenz der Alpendörfer gerechtfertigt.

## KITZSTEIN-KAMM 27

***Zwei Bergfahrten zum gleichen Gipfelkreuz***

*Variante a) Anfahrt nach Wagrain/Grafenberg Gondelbahn (Info Tel. 06413/8448).*
*Start und zugleich tiefster Punkt Bergstation 1700 m, höchster Punkt Kitzstein (oder Gabel, gesprochen Gabbö) 2037 m, Ziel Penkkopf 2011 m.*
*Insgesamt 14 km, 750 Höhenmeter Anstieg, 5 Stunden Gehzeit.*
*Variante b) Anfahrt nach St. Johann/Kabinenbahn Alpendorf (Info Tel. 06412/6260). Start und zugleich tiefster Punkt Bergstation 1655 m, Ziel wie Variante a) Penkkopf 2011 m.*
*Insgesamt 12 km, 800 Höhenmeter Anstieg, 5 Stunden Gehzeit.*

Die Variante a) beginnt bei der Bergstation, nimmt etwas bergab Kurs zur nahen Hachaualm, steuert südwärts die 1745 Meter hohe Senke östlich des Sonntagskogels an und bindet in den Weg Nr. 712 ein, der links um den Grindkogel zur Auhofalm leitet.
Hier treffen beide Varianten zusammen, denn jene vom Gernkogel umgeht den Sonntagskogel westseitig bis zur Mauracher Alm und schwenkt dort ostwärts ab zur Auhofalm. Fortan halten sich beide Varianten an die Markierung Nr. 712 in scharfem Zickzack 300 Höhenmeter hinauf zum Kitzstein, jenseits etwas bergab, an der Wandalm vorbei bis zur Wegekreuzung auf Höhe 1858 und jetzt über den Kamm hinauf zum Gipfelkreuz, der Wendemarke unserer Höhenwanderung.
Wem der Sinn nach einem härteren Test steht, der kann

die Kammwanderung südwärts noch bis zum großartigen Ausguck Gründegg fortsetzen. Das macht als Draufgabe noch vier Kilometer, 170 Höhenmeter Anstieg und gut zwei Stunden Gehzeit.

## HOCHGRÜNDECK

**1827 m** **28**

***Erinnerung an das Elend tausender Kriegsgefangener***

*Anfahrt nach St. Johann, Straße Richtung Wagrain 2 km weit, Abzweigung zur Hahnbaumalm.*
*Start und zugleich tiefster Punkt Hahnbaumalm 1117 m, Ziel und zugleich höchster Punkt Hochgründeck 1827 m.*
*Insgesamt 13 km, 600 Höhenmeter Anstieg, 4 Stunden Gehzeit.*

Neben dem Wirtshaus Hahnbaumalm nehmen wir den Weg Nr. 15 direkt ostwärts bergan in Angriff. Nach 120 Höhenmetern schwenken wir nordwärts auf den Höhenweg Nr. 451 ein. Er folgt dem durch etliche aussichtsreiche Blößen bewaldeten Kamm – gelegentlich ostseitig davon – bis zur Kiener Hütte, von der wir ostwärts in wenigen Minuten den Gipfel erreichen.
An solchen Aussichtspunkten können wir den Bereich zwischen Bahnhof St. Johann, Krobatin-Kaserne und Speedway-Rennbahn in den Blick fassen. Auf dieser rund acht Hektar großen Fläche stand nämlich von 1941 bis 1945 die zweitgrößte „Gemeinde" des Landes Salzburg: Bis zu 30.000 Kriegsgefangene, vorwiegend Russen, vegetierten unter Aufsicht von rund 1000 Soldaten in 60 stets derart überfüllten Baracken, daß die Häftlinge zeitweise sogar im Winter mit Zelten vorlieb nehmen mußten. Verheerende hygienische Verhältnisse – unzureichende Toiletten und Waschgelegenheiten – lösten in Verbindung mit chronischer Unterernährung immer wieder Infektionen aus, deretwegen das Lager zeitweise hermetisch gegen die Zivilbevölkerung abgeriegelt wurde. Insgesamt rafften diese – selbst nach amtlichen Feststellungen – katastrophalen Zustände an die 4000 Menschen dahin.
Den Rückweg von der Kiener Hütte nehmen wir abermals nach der Markierung Nr. 451. Beim Obergründeck auf Höhe

## ZINSEN AUS DEM TRAINING

*Vor den Preis setzten die Götter den Schweiß. Dagegen hilft nicht einmal der barmherzigste Schutzengel. Der Auftakt zu durchaus moderat dosiertem Freizeitsport schmerzt leider auch. Das ganze Gestell katert, knarrt, zieht, zwackt und keucht, wenn man es nach überlanger Pause wieder einmal in die sportliche Pflicht nimmt.*

*Manch einer sieht keinen Sinn darin, dem Körper die angeborene Fähigkeit des Gehens nicht weiter als bis zum WC und zur Garage abzufordern. Einerlei. Schließlich kommen auch Antisportler in den Himmel; sie lassen sich nämlich erst gar nicht auf die vielen guten Vorsätze ein, mit denen bekanntlich nur der Weg zur Hölle gepflastert ist.*

*Fitness ist eines jener sonderbaren Dinge, die ein sehr berühmtes Sprichwort glatt entwerten: „Aller Anfang ist schwer." Mag sein. Gewiß schwieriger ist es, eine begonnene Sache bis zum Ende durchzuhalten als zu kapitulieren. Andrerseits fällt Fitness wieder aus dem Rahmen, weil das regelmäßige moderate Training im Körper Endorphine freisetzt; also schmerzblockierende Substanzen, die gleich milden Drogen ein unglaubliches Wohlbefinden auslösen.*

*Man kann also auf Training so „süchtig" werden, daß die Kapitulation so lange nicht in Frage kommt, solange die Gesundheit vorhält.*

*Sport fordert dem Körper vier motorische Grundeigenschaften ab. Es sind dies Ausdauer, Kraft (der Organe und Muskeln), Schnelligkeit (Reaktion, Behendigkeit) und Koordination (Elastizität, Gelenkigkeit).*

*Für Bergwandern reicht weitgehend Ausdauer. Diese setzt bei Beinarbeit an, kräftigt aber Kreislauf und Atmung derart, daß eine Höhenwanderung von fünf oder sechs Stunden Dauer ohne weiteres zumutbar ist.*

*Alter verschlechtert gewiß die motorischen Grundeigenschaften – am weitaus wenigsten allerdings die Ausdauer, die zudem ohne besondere Geräte, Sportstätten und Ausgaben durch Radeln, leichtes Joggen, zügiges Gehen und moderates Steigen sehr einfach zu erhalten ist.*

*Wer also beizeiten Kondition durch regelmäßiges Training anspart, erntet mit fortschreitendem Alter gute Zinsen.*

1358 Meter sollte man sich von der Gabelung des Forstweges nicht zu falschen Schlüssen verleiten lassen: Unser Weg bergab ist der rechte, obwohl er ein Stückchen ansteigt.
Bei der Rast auf der Hahnbaumalm gewinnen wir einen guten Überblick über ein wichtiges Glied in der Energieversorgung des Landes Salzburg. Im 18 Kilometer langen Knick der Salzach stehen zwischen Schwarzach und Kreuzbergmaut sieben Kraftwerke. Sie gewinnen aus der ebenso sauberen wie unerschöpflichen Energie des Wassers im Jahresdurchschnitt rund 992 Kilowattstunden Strom und decken damit fast ein Drittel des Salzburger Stromverbrauchs.

## GROSSARLER HÖHENWEG 29

***Das Beste an der „guten alten Zeit"***

*Anfahrt nach Großarl – Ellmautal/Grundlehen. Start und zugleich tiefster Punkt Grundlehen 1360 m, Ziel und zugleich höchster Punkt Gründegg 2168 m. Insgesamt 14 km, 1000 Höhenmeter Anstieg, 5,5 Stunden Gehzeit.*

1000 Höhenmeter Anstieg sind für unsere Art des Höhenwanderns sehr viel. Trotzdem nehmen wir das in Kauf, weil sich die ersten 700 Höhenmeter Anstieg auf gut vier Kilometer Distanz erstrecken und somit keine intensive Belastung darstellen. Der Lohn für die Mühe ist jedenfalls eine großartige und eher einsame Kammwanderung, an deren Ende freilich 800 Höhenmeter Abstieg fällig werden.
Am Ende des fünf Kilometer langen Fahrweges von Großarl zum Parkplatz beim Schuppen der Materialseilbahn für die Filzmoosalm nehmen wir vor dem Anstieg das Grundlehen etwas in Augenschein. Hinter so kleinen Fenstern lebten vor 100 Jahren noch die meisten Bauern im Gebirge, Licht spendeten Kienspan, stinkender Unschlitt (Talg), oder die teure Petroleumlampe. Mit Holz wurde geheizt, gekocht, beleuchtet und stabil für Jahrhunderte gebaut – wie dieses etwa 300 Jahre alte Gütl beweist. Kirche, Kramer und

Schule lagen eine scharfe Gehstunde talauswärts in Großarl – der Heimweg über 400 Höhenmeter taleinwärts zog sich erheblich länger hin. Natürlich war's idyllisch in Grund, die Luft war gesund und die Umwelt intakt. Aber eine Blinddarmentzündung kostete das Leben und wurde auf dem Totenzettel als „Bauchgrimmen" vermerkt. Dieser Talgrund bezeugt somit das beste an der guten alten Zeit – sie ist vorüber.
Vom Parkplatz Grund nehmen wir nun den mit Nr. 720 markierten Almweg südwärts sanft ansteigend durch den Graben hinein zur Filzmoosalm und in schärferem Anstieg ostseitig am klobigen Harstein vorbei auf einen riesigen Almboden, der sich sanft zur Filzmooshöhe zwischen dem massigen Draugstein und dem gekegelten Filzmooshörndl hinzieht. Diesen Anstieg sollte man zur Blütezeit der Almrosen erwischen; man wandert dann trockenen Fußes buchstäblich durch das Rote Meer. Knapp vor dem Kreuz auf der Anhöhe zweigt scharf nach links (nordostwärts) der markierte Weg zum 5,5 Kilometer entfernten Gründegg ab: zu-

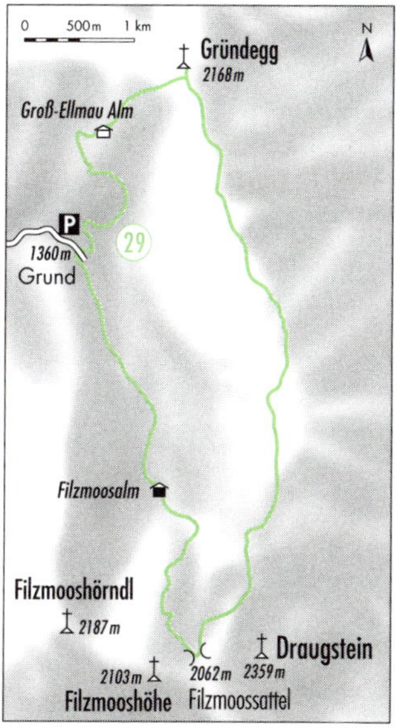


erst unter den Abstürzen vorbei zu einem Hochplateau, an die 100 Höhenmeter auf den Loosbichl hinauf, jenseits leicht bergab zur Wegekreuzung im Klaussattel und schließlich auf dem Kamm nordwärts am Roßfeldeck vorüber hinauf zum Gründegg.
Von dieser großartigen Aussichtskanzel steigen wir auf markiertem Steig erst westwärts über den Rücken und dann südwärts in der Fallinie ab zur Großellmaualm und auf dem Almweg teils durch Wald hinunter zum Parkplatz in Grund.

## SCHUHFLICKER HÖHENWEG 30

***Felstürme wie in den Dolomiten***

*Anfahrt nach Großarl/Panoramabahn (Info Tel. 06414/281).*
*Start Bergstation auf der Kreuzhöhe 1849 m, höchster Punkt und Ziel Schuhflicker 2214 m, tiefster Punkt Arltörl 1779 m.*
*Insgesamt 11 km, 900 Höhenmeter Anstieg, 5 Stunden Gehzeit.*

Diese Wanderung kommt wegen vier Gegenanstiegen auf eine beträchtliche Zahl von Höhenmetern, die allerdings mit Ausnahme des Schuhflickergipfels sehr sanft ansteigen und nicht intensiv belasten.
Wir halten uns ab der Kreuzhöhe durchgehend auf dem markierten Weg über den Kamm bis zum Schuhflicker. Erst steigen wir auf der Skipiste südwestwärts moderat an zum Kreuzkogel und biegen knapp unter dem Gipfelkreuz nordwestwärts ab durch eine Senke zum Fulseck. Hier endet das von Liften erschlossene Skigebiet, das mit beachtlichen 1100 Meter Höhenunterschied nach Großarl oder Dorfgastein aufwartet.
Vom Fulseck steigen wir gemächlich ab bis in die Arlscharte, aus der uns eine kurze Geländestufe auf den langgezogenen Kamm zum Schuhflicker führt, der von dieser Seite den Felstürmen der Dolomiten ähnelt. Bei feuchtem Boden erreicht man schon beim Kreuz unterhalb des felsigen Gipfelaufbaus die Umkehr, weil der Pfad über die letzten 100 Höhenmeter dann schmierig ist und zudem einen steilen Grashang quert, der bei Nässe lebensgefährlich werden kann.
Der Rückweg über das Fulseck ist eine unablässige Augenweide; vor uns steht die breite Front der Tauernriesen vom Hafner im Südosten bis zum schief gespitzten Wiesbachhorn im Westen. Und wenn wir auf dem Kreuzkogel nordostwärts zur Bergstation auf der Kreuzhöhe schwenken, wandert unser Blickfeld zu den Kalkriesen des Gosaukammes und des Dachsteins.

*Dienten, malerischer Ausgangspunkt zu den östlichen Grasbergen.*

*Hackelsteinersee in den Saalbacher Grasbergen (SLT).*

## GLINGSPITZE 1988 m 31

***Als Seitensprünge noch zwei Milchkühe kosteten***

*Anfahrt nach Dienten/Gabühelbahn (Info Tel. 06461/300).*
*Startpunkt Gabühelhütte 1612 m, höchster Punkt Glingspitze 1988 m, tiefster Punkt Lettenalm 1524 m.*
*Insgesamt 11 km, 650 Höhenmeter Anstieg, 4,5 Stunden Gehzeit.*

Gleich neben der Bergstation der Gabühelbahn steht am Ende eines Fahrweges die Gabühelhütte. Hier nehmen wir den mit Nr. 4 markierten Weg auf, der südwestwärts über den langen Kamm zum höchsten Punkt führt, dem Hundstein. Wir wandern ostseitig knapp unterm Grünberg (lohnender kurzer Abstecher) vorbei und steigen dann ein kurzes Stück durch den Grünsattel zur Lettenalm ab. Dort binden wir uns in den markierten Weg Nr. 440 ein, dem Anstieg von Dienten herauf, und gehen bergan um den Riedel des Grünköpfels herum zurück zum Kamm, den wir knapp vor der Marbachhöhe wieder erreichen. Von hier ist es nur mehr ein Katzensprung südwärts hinauf zur Glingspitze, einem großartigen Aussichtspunkt zwischen Kalkwänden im Norden und den Keesbergen im Süden.
In diese prächtige Landschaft zeichnete im Jahr 1800 der Salzburger Domherr Friedrich Spaur ein idyllisches Bild vom „sittlichen Charakter" der Pinzgauer: „Öfters verschwanden die Mädchen nach dem Tanze auf der äußerst sparsam beleuchteten Treppe

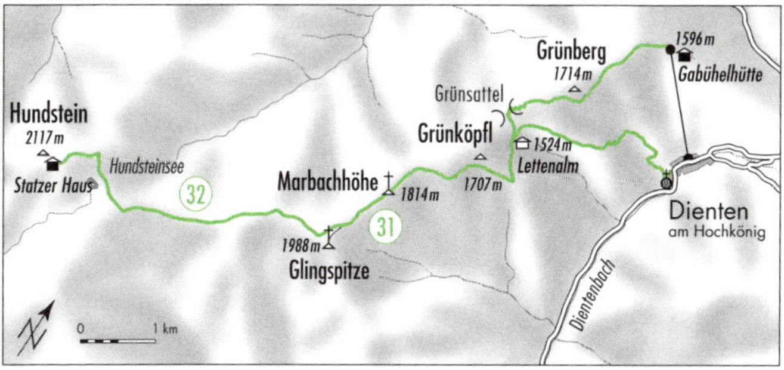

in den Keller, wo nach alter Gewohnheit Bier und Brandwein getrunken wird. Diese Sitte wird ihrer Unanständigkeit ohngeachtet geduldet, (obwohl) hier der Liebe mancher Zoll entrichtet wird. Aber hier wie auch im Pongau entehren mehrere Kindbetten das ihrem Liebhaber treue Mädchen nicht." Darüber hinaus bescheinigt Spaur den Pinzgauern besondere Freude an Wallfahrten: „So dingen Knechte und Mägde beym Antritt ihres Dienstes von der Herrschaft die Erlaubniß aus, 2 oder 3 Tage auf Wallfarten zubringen zu dürfen. Warlich wird aber dann auf diesen andächtigen Reisen das Fleisch eben nicht gekreuzigt, vielmehr tapfer gezecht und geschwelgt, so daß schon viele Mädchen nach neun Monaten nur zu lebhaft an ihre letzte Wallfart sich erinnern konnten."

Eineinhalb Jahrhunderte früher war diese Erinnerung noch erheblich teurer gekommen. Den Seitenspringer kostete sie den Wert von zwei Milchkühen und das Mädchen drei Tage „Keuche" (Gefängnis). Auf dem Rückweg genießen wir die Kammwanderung in der Gegenrichtung, beständig den Hochkönig vor Augen. Sollte die Energie zum Anstieg von der Lettenalm über eine 100 Meter hohe Geländestufe Richtung Grünberg fehlen, dann bietet sich als Alternative der Abstieg nach der Markierung 440 über knapp 500 Höhenmeter nach Dienten an. In jedem Fall empfiehlt es sich, nicht an der Kirche vorbeizugehen. Ihr zweischiffiger Bau aus dem Jahr 1506 ist eine architektonische Rarität. Gleich alt ist die Linde vor dem Portal. Einen langen Blick verdient auch das Straßendorf am Fuß des Kirchbühels, eine alte Bergbausiedlung, die noch den Charakter der bodenständigen Bauweise recht gut erhalten hat.

## HUNDSTEIN 2117 m 32

***„Beym Hosenreckchen entstundt Zank und Schlögerei"***

*Anfahrt nach Dienten/Gabühelbahn (Info Tel. 06461/300).*
*Start Gabühelhütte 1612 m, höchster Punkt und Ziel Statzer Haus auf dem Hundstein 2117 m, tiefster Punkt Lettenalm 1524 m.*

*Insgesamt 20 km, 1000 Höhenmeter Anstieg, 7–8 Stunden Gehzeit.*

Diese Variante baut den Ausflug auf die Glingspitze (unter Verzicht auf diesen Gipfel) zu einer konditionell anspruchsvollen Höhenwanderung aus. Hinzu kommt, daß die Gabühelbahn nur an bestimmten Tagen (9 bis 16 Uhr) verkehrt, die letzte Talfahrt also schwerlich zu erreichen ist. Daher müßte man noch mit knapp 500 Höhenmetern Abstieg von der Lettenalm nach Dienten rechnen.
Allerdings eröffnet eine Nächtigung im Statzer Haus auf dem Hundstein (Tel. 06542/74438) andere Möglichkeiten: Ein Tag Aufstieg einschließlich der kleinen Gipfel im Kamm (10 km, 850 Höhenmeter und 4,5 Stunden) und andrentags Rückkehr auf dem Hinweg (10 km, 400 Höhenmeter Anstieg und 3,5 Stunden Gehzeit).
Sollte der Konditionstest auf dem Programm stehen, dann folgen wir an der Gabelung nach der Marbachhöhe dem rechten Weg (Nr. 440) nordseitig an Glingspitze und Hochkasern vorbei. Das spart gut 100 Höhenmeter Anstiege, um die wir uns aber weder hin noch zurück drücken, wenn wir im Statzer Haus nächtigen. Westlich dieser beiden Buckel erreichen wir wieder den Kamm, drehen vor dem Ochsenkopf mit dem Kamm nordwestwärts und schauen dem Hundsteinsee im Kessel links unter uns tief in das dunkle Auge.

*Hagmoar-Ranggeln auf dem Hundstein (TV Maria Alm).*

Mag sein, daß einem Wanderer das Glück hold ist, den unermeßlichen Reichtum an Gold auf dem Grund dieses Wassers zu erspähen. Ein untrügliches Anzeichen dafür sind nämlich die Frösche in diesem Bergsee, die im Kopf ein Goldstückchen tragen. Leider erwischt man diese Tiere nur am Karfreitag, soferne man sich durch meterhohen Schnee heranarbeitet.
Eine Viertelstunde vor dem Ziel mündet unser Weg in das Sträßchen, das rechts vom Langeck herauf und dann noch 15 Minuten durch vier enge Kehren weiter zum Haus auf dem Hundstein führt.
Dieser Gipfel zählt nicht nur zu den großartigen Salzburger Aussichtspunkten. Er ist auch an jedem Jakobitag Schauplatz des in den Ostalpen bedeutendsten Kräftemessens der Ranggler.
In der Mulde unter der Schutzhütte artete 1517 das berühmte und zuweilen recht ruppige Hagmoar-Ranggeln in eine wilde Schlägerei aus. Also ordnete Erzbischof Leonhard von Keutschach 1518 an: Zwar dürfe „auf dem Perg Hundsstain wie von alters her das Hosenreckchen gehalten werden, wann aber zum Trotz unseres Befels ein Zank und Schlögerei entstundt, dies Hosenreckchen gar abzustellen wär".
Offenbar geriet das Ranggeln öfter außer Kontrolle, denn da winkten dem stärksten Pinzgauer beachtliche Preise. Dies wiederum empörte 1875 den kultivierten Reiseschriftsteller Josef Anton Rohracher: „Das Ranggeln ist nur eine mildere Art des wilden Raufens", das vielleicht die primitiven Pinzgauer belustige. Weil jedoch mit bedeutenden Preisen in der Jugend nur „die rohe Rauflust geweckt" werde, sollten besser Volksbibliotheken eingerichtet und „Preise für moralische Capacitäten ausgesetzt" werden. Das Hundstein-Ranggeln lebte dennoch fort und ein Hagmoar gebietet immer noch über ungleich mehr Ansehen als ein Olympiasieger im Ringen.

## „PINZGAUER SPAZIERGANG" 33

***Fortschritt vom Muli-Bergwagerl zur Seilbahn***

*Zufahrt nach Zell am See/ Schmittenhöhebahn (Info Tel. 06542/789-0), Rückfahrt mit*

*der Schattbergbahn/Saalbach und dem Bus (Info Tel. 06541/6271-0).*
*Start Bergstation Schmittenhöhe 1965 m, höchster Punkt Hochkogel 2249 m, tiefster Punkt Kettingtörl 1780 m, Zielpunkt Schattberg/Ost 2018 m.*
*Insgesamt 18 km, 650 Höhenmeter Anstieg, 6 Stunden Gehzeit.*

Der „Pinzgauer Spaziergang" zählt zu Europas schönsten Kammwanderungen und der Name ist zugleich eine unbekümmerte Untertreibung. „Spaziergang" verführt nämlich zur Vorstellung von grünen Matten und weiten Almböden oberhalb der Baumgrenze durch eine Landschaft, von der jeder Ort im Salzachtal seinen Abschnitt zurecht auch als seinen „Hochsonnberg" bezeichnet. Unter blauem Himmel und bei sommerlicher Windstille ist dieser Höhenweg eine Orgie an Rundsicht. Nur zu leicht gerät außer Betracht, daß man auf 2000 Meter Höhe wandert, wo es durchschnittlich um zehn Grad kühler und dreimal windiger ist als 1400 Höhenmeter tiefer im Salzachtal. Zudem kann Regen in Höhen über 2000 Meter jederzeit in Schneefall umschlagen. Man unternimmt diesen „Spaziergang" also nur bei stabilem Schönwetter.
Die Auffahrt zur Schmittenhöhe verschafft uns Zeit für einen Blick in die bemerkens-

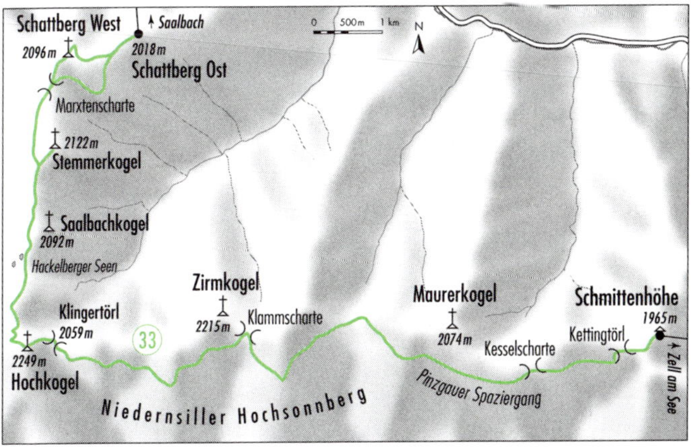

*Salzburgs erste Bergbahn auf die Schmittenhöhe brachte zwar nur eine PS auf den schottrigen Weg, doch den Passagieren ein großes Erlebnis.*

werte Vergangenheit einer Stadt, die im 8. Jahrhundert als Klostersiedlung (Cella) entstand und erst durch den Fremdenverkehr aus jahrhundertelanger Einsamkeit erwachte. Noch ehe die Eisenbahn 1875 von Salzburg durch den Pinzgau nach Innsbruck dampfte, hatten einige Zeller die touristische Gunst der Schmittenhöhe begriffen.
1873 bahnten sie auf diesen hervorragenden Aussichtsberg einen Fahrweg für den Gästeverkehr. Muli zogen einachsige Wagerl mit gepolsterten Sitzen bergan. Die Gäste saßen gegen die Fahrtrichtung, damit sie während der langsamen Bergfahrt fortwährend die Rundsicht genießen konnten. 1874 stand bereits ein bescheidenes Gipfelhaus auf der Schmittenhöhe. Touristisch unvergleichlich werbewirksam war dann 1885 die Fahrt des Kaiserpaares auf diesen Gipfel und das günstige Urteil der Majestäten über den Rundblick.
Der nächste touristische Aufwind schickte Mulis und Bergwagerl in Pension, als 1927 Salzburgs erste (und Österreichs fünfte) Seilbahn die Schmittenhöhe erschloß.
Auf dem Gipfel beginnt die Wanderung gleich mit einem Abstieg (Markierung Nr. 19) von fast 200 Höhenmetern, erst südwärts bis zur Einbindung in den mit 02A und 719 markierten Weg, dem wir

westwärts in das Kettingtörl folgen. Hier lassen wir die Markierungen 02A und 719 nach links talwärts zur Pinzgauer Hütte abdrehen und folgen dem rechten Ast des „Pinzgauer Spaziergangs" (Nr. 19) erst über den Kamm etwas bergan auf den Hahnkopf und dann ziemlich eben zur Kesselscharte. Von drei Wegen wählen wir jetzt den mittleren (Nr. 19). Er weicht dem Maurerkogel aus, bindet oberhalb der Hochsonnbergalm wieder in den markierten „Arnoweg" (Nr. 02A und 719) ein und steigt ganz sanft zum Rohrertörl an. Nach einem ausgiebigen Blick nordwärts in das Glemmtal und auf die Leoganger Steinberge umgehen wir die beiden Gernkogel südseitig und biegen in den Niedernsiller Hochsonnberg ein.

Beim Blick ins Tal gewahrt man, daß Niedernsill jenseits der Salzach auf einem riesigen Kegel liegt, den der Mühlbach in Jahrtausenden aus dem Massiv des Kitzsteinhorns herausgeschwemmt hat. 1798 zerstörte eine gewaltige Mühlbachmure dieses Dorf.

In der Westbucht des Niedernsiller Hochsonnbergs gelangen wir bei einer Unterstandshütte an eine Wegscheide. Wir folgen dem rechten Ast des „Pinzgauer Spaziergangs" (Markierung Nr. 19 und 764) nordwestwärts bergan zum Klingertörl, verzichten aber auf die Abkürzung hinunter und durch das Klingerkar zum Seetörl. Vielmehr steigen wir nach Westen über den Grat 200 Höhenmeter hinauf zum großartigen Ausguck Hochkogel.

Der Blick vom Gipfel südwestwärts in den weiten Uttendorfer Hochsonnberg verfängt sich in den Hochspannungsdrähten, die über stählerne Kunstbäume von Uttendorf in die Ferienregion Saalbach gespannt wurden. Damals zählte noch das wirtschaftswunderliche Wachstum ungleich mehr als Sensibilität. Gleichwohl sollte nicht außer Betracht bleiben, daß die wirtschaftliche Entwicklung des Glemmtales Tausende Arbeitsplätze schuf.

Ins Auge sticht auch die geradläufige Salzach tief drunten im Tal. Nur zu offensichtlich wurde dieser Fluß zwischen Dämmen kanalisiert. Als sich die Technik um die Wende in das 20. Jahrhundert mit Baggern und Sprengstoff an die Zähmung der Salzach machte, ging allerdings ein Aufatmen durch den Pinzgau. Alljährlich war der stark mäandernde Fluß mehrfach über die Ufer getreten und hatte die ohnedies sauren Talböden und weitläufigen Sümpfe zuweilen wochenlang unter Wasser gesetzt. Das schuf zwar biotopisch hochwertige Auen, aber in den Sümpfen brüteten das gefürchtete „Pinzgauer Wechselfieber" und zeitweise sogar Typhus.

Die Regulierung erhöhte die Fließgeschwindigkeit der Salzach enorm und verlegte die Hochwässer hunderte Kilometer weiter flußabwärts.

Dafür gewannen die Bauern an die 30 Quadratkilometer Ackerland zur Versorgung der konstant wachsenden Bevölkerung. Diese Entwicklung stellt klar, daß die Salzachflußkraftwerke keineswegs in eine intakte Natur, sondern in ein technisch geschaffenes Kanalsystem gesetzt wurden.

Der scharfe Beobachter Friedrich Spaur lenkte allerdings im Jahr 1800 das Augenmerk auf einen anderen Aspekt: „Auch sträuben sich zum Theil die reichen Bauern (gegen technisch beschleunigtes Abfließen von Überschwemmungen).

Ihre Pferdezucht, die sie wegen des hohen Preises der Pferde eher zu vermehren bedacht sind, ist sehr beträchtlich. Sie würden die große Anzahl ihrer Rosse nicht ernähren können, wenn jene Sterlacken (= moorige Wiesen) kultiviert werden sollten."

Vom Hochkogel aus überblicken wir gut das letzte Drittel unserer Wanderung nordwärts zum Schattberg: westwärts bergab nach der Markierung Nr. 9 in eine Senke, weiter nordwärts zur Idylle der Hackelberger Seen am Seetörl und weiter auf dem „Pinzgauer Spaziergang" westlich an Saalbachkogel und Stemmkogel vorbei zur Marxtenscharte, nun ostwärts um den Westgipfel herum und zuletzt nochmals 80 Höhenmeter hinauf zur Seilbahnstation.

## GLEMMTALER PANORAMAWEG 34

***Von der Schattbergbahn zur Zwölferkogelbahn***

*Anfahrt nach Saalbach/Schattbergbahn (Info Tel. 06541/6271-0), Endpunkt Hinter-*

*glemm/Zwölferkogelbahn (Info Tel. 06541/6321). Start Schattberg 2018 m, höchster Punkt Manlitzkogel 2247 m, tiefster Punkt 1880 m, Ziel Bergstation der Gondelbahn Zwölferkogel 1984 m. Insgesamt 16 km, 700 Höhenmeter Anstieg, 5,5 Stunden Gehzeit.*

Wir halten uns bei dieser Rundtour vorwiegend an den „Panoramaweg", der sehr energieschonend angelegt ist und daher gut für den Zweck unseres Höhenwanderns taugt. Dafür investieren wir einige Kondition in die 300 Höhenmeter auf den Manlitzkogel, den würdigen Höhepunkt dieser Tour. Wir fahren von Saalbach mit der Schattbergbahn auf den Ostgipfel und setzen uns gleich auf die Fährte des „Panoramawegs": westwärts hinunter in die Schattbergmulde, südseitig um den Westgipfel herum in die Marxtenscharte und südwärts nahezu eben durch die Westflanken von Stemmerkogel und Saalbachkogel zu den Hackelberger Seen. Hier schwenkt der „Panoramaweg" westwärts ab, erreicht im Polzkar mit 1880 Metern den tiefsten Punkt und schneidet fortan ziemlich genau an der 1900-Meter-Schichtlinie durch die Nordflanke des Sonnbergs bis in das Sommertor.

An diesem Hälftepunkt unserer Tour binden wir in den „Pinzgauer Spaziergang" ein, dem wir nach 500 Metern an der Abzweigung des „Panoramawegs" (nordwärts etwas bergab in das Stoffenkar) noch 200 Meter folgen. Hier wechseln wir auf den „Hans-Mark-Weg" (Markierung Nr. 11), der uns erst nach rechts und dann über den Rabenkopf auf dem Grat zum Manlitzkogel weist.

Jenseits des Gipfels folgen wir der Nr. 11, die an der ersten Weggabelung nach Norden in das Stoffennieder leitet. Es folgen eine großartige Kammwanderung über die Schönhofer Wand bis in das Seekar und dann das Schlußstück ostseitig an der Hohen Penhab vorbei zur Bergstation der Gondelbahn auf dem Zwölferkogel.

## GAISSSTEIN 2326 m 35

***Anstoß zur Erstbesteigung des Großvenedigers 1841***

*Anfahrt nach Hinterglemm/ Zwölferkogelbahn (Info Tel. 06541/6321).*
*Start und Ziel Bergstation Zwölferkogel 1984 m, tiefster Punkt 1959 m, höchster Punkt Gaißstein 2326 m.*
*Insgesamt 16 km, 900 Höhenmeter Anstieg, 6 Stunden Gehzeit.*

Wir nutzen abermals den sehr gut angelegten „Panoramaweg" (Nr. 763 und 8) südwestwärts an der Hohen Penhab vorbei zum Seekar, steigen dann 180 Höhenmeter über den Kamm auf die Schönhofer Wand in das Stoffennieder und abermals 100 Höhenmeter bergan zur Zehentner Stange. Ab hier halten wir uns an die Markierung Nr. 12 westwärts über den unauffälligen Mittagskogel in die Murnauer Scharte. An diesem mit 1959 Metern tiefsten Punkt unserer Höhenwanderung beginnt der Anstieg zu unserem Ziel. Wir folgen der Markierung Nr. 1 über den Leitenkogel, durch die 50 Meter niedrigere Leitenscharte und schließlich über den Südostgrat auf den Gipfel.
Auf diesem höchsten Punkt der Saalbacher Berge faßte am 28. Mai 1841 der Mittersiller Pfleger Ignaz Kürsinger nach dem Urteil eines Chronisten den „würdigen Gedanken", die Erstbesteigung des Großvenedigers in Angriff zu nehmen. Kürsinger und seine 15 Begleiter waren tief beeindruckt vom weißen Haupt des mit 3674 Metern höchsten Salzburger Berges. Tatsächlich gelang einer 40köpfigen Expedition das Unternehmen am 3. September 1841 auf Anhieb – ganz im Gegensatz zu Erzherzog Johanns Angriff am 8. August 1828. Damals scheiterte eine 17 Mann starke Gruppe auf dem denkbar ungünstigsten Anstieg – nämlich halbwegs auf der 240 Meter hohen und mittlerweile abgeschmolzenen Nordwest-Eiswand. Dort löste sich eine Lawine aus angefeuchtetem Neuschnee. Sie riß den ersten der Stufenschläger den steilen Hang hinunter. Und weil der Mann erheblich verletzt war, befahl Erzherzog Johann den Rückzug.
Von unserem Ausguck aus können wir auch die phäno-

*Wanderung auf den Wildenkogel, Blick auf den Großvenediger (links).*

menale Leistung des Lehrers Johann Maier einschätzen.
Er hatte „im Spitzenzug“ von Kürsingers Expedition am 3. September 1841 nach achtstündigem Anstieg von der (heutigen) Postalm über 2000 Höhenmeter kurz nach zehn Uhr den Gipfel des Großvenedigers erreicht. Um 17.30 Uhr traf er mit der Vorhut wieder beim Ausgangspunkt ein.
Nach kurzer Rast machte er sich aber mit noch sechs Mann auf den 13 Kilometer langen Weg hinaus nach Neukirchen, wo die Gruppe ziemlich erledigt gegen 22 Uhr ankam.
Doch Maier trieb es heimwärts, also marschierte er noch die 20 Kilometer nach Stuhlfelden, wo er um vier Uhr früh eintraf.
Nicht jedem legt die Natur eine derart robuste Konstitution in die Wiege. Wir jedenfalls meistern dank etwas Konditionstraining sicher noch den Rückweg zum Zwölferkogel und legen den Rucksack in der Gewißheit ab, nach 900 Höhenmetern Anstieg und sechs Gehstunden – nicht einmal einem Viertel der Ausdauerleistung Maiers – rechtschaffen müde zu sein.

## SPIELBERGHORN 2044 m 36

***Spartanische Unterkünfte für zehntausende Schüler***

*Anfahrt nach Saalbach/Kohlmais-Gipfelbahn (Info Tel. 06541/6271-0).*
*Start Kohlmaiskopf 1794 m, tiefster Punkt Dalsentörl*

## VERFÜHRERISCHE WELLNESS

*Hinter diesem neuhalbhochdeutschen Stammel-Englisch verbirgt sich die Mischung aus Wohlbefinden und Wohlbehagen. Eine Katze bringt dieses Gefühl zu Gehör, indem sie wohlig schnurrt. Wellness stellt sich nach erfüllten Aufgaben ebenso ein wie nach körperlicher Anstrengung; nach einem Erfolg gleichermaßen wie nach einem Kunstgenuß; nach überstandener Krankheit genauso wie nach einem unbeschwerten Urlaubstag; in anregender Gesellschaft wie nach außergewöhnlichen Erlebnissen: man hat Auftrieb, ist optimistisch, fröhlich, liebenswürdig.*
*Dieser Vielfalt positiver Voraussetzungen entspricht die Vielfalt der Ursachen von Badness, einer Art von tiefsitzendem Mißmut durch Fehlschläge und Stress, Krisen und Krankheit, Übermüdung und Übergewicht, mangelndem Antrieb und Unlust. Man ist mürrisch, grantig, pessimistisch, kratzbürstig.*
*Natürlich beschreibt eine Spruchweisheit treffend beliebige Zustände, sie löst aber keine Mißstände. Beispiel: „Mit einem Tropfen Honig fängt man mehr Fliegen als mit einem Faß Essig."*
*Wellness erlebt ein Kurgast, wenn das Kurbad anschlägt, ein Kurschatten vor zu viel Sonne schützt, die Kurkapelle im Kursalon aufgeigt und das Kurcafé erlesene Torten serviert. Vorübergehende Wellness verschaffen auch Drogen, gleichwohl um den hohen Preis der Abhängigkeit.*
*Der Wellness zuträglich ist auch der ausgewogene Wechsel zwischen Anspannung und dolce far niente, Leistung und Ruhe, Wirbel und Einsamkeit, Selbstüberwindung und Zurückstecken.*
*Anders betrachtet: Der Zustand des Körpers, das Klima der Seele, die Lage des Gemüts und die Wachsamkeit des Verstandes entscheiden darüber, wie wohl und behaglich oder widerborstig und schal wir uns fühlen.*
*Allerdings gibt es kein Rezept für permanente Wellness; sie wäre auch so unerträglich wie das tägliche Steak. Sicher ist nur, daß vor allem Eigenleistung die Wellness erhält oder wieder erwirbt. Sicher ist deshalb auch, daß Höhenwandern das Wohlbefinden dank dem Zusammenwirken von Fitness, Erholung und Erlebnis durchaus begünstigt.*

*1642 m, höchster Punkt und Ziel Spielberghorn 2044 m. Insgesamt 10 km, 650 Höhenmeter Anstieg, 4 Stunden Gehzeit.*
*Auf dem Anstieg zum Gipfel ist Trittsicherheit unerläßlich.*

Für etliche Senioren mag die Fahrt mit der Gondelbahn auf den Kohlmaiskopf eine nostalgische Reise in die Skigeschichte sein. Denn entlang dieser Trasse bauten unternehmungslustige Saalbacher 1946 den ersten Skilift des Tales, der ungefähr bei der Panorama-Alm endete. Alle Skiwelt bestaunte diesen längsten Skilift Österreichs, der stündlich 120 Personen in die Höhe zog.
Und schon 1947 folgte der Sessellift 200 Höhenmeter den Schattberg hinan. Damals wandelte sich Saalbach vom Traumland mit 32 Ski-Gipfeltouren zum Pionier des technisierten Pistenskilaufs. Als entscheidende Starthilfe dafür erwiesen sich die Schulskikurse u. a. aus Salzburg, Graz und Wien. Zehntausende Schüler fanden spartanische Unterkunft und deftige Verpflegung in behelfsmäßig adaptierten Bauernhöfen. Viele dieser jungen Leute wuchsen allmählich zu Saalbacher Stammgästen heran, die Bauernhöfe meist auf dem Umweg über Pensionen zu respektablen Hotels.
Zur Größenordnung: am Neujahrstag 1953 surrten auch schon der Babylift auf der Turmwiese neben der Kirche und der Schlepplift in Hinterglemm. Doch die Skischule kam noch mit elf Skilehrern aus. 45 Jahre später zählt der Skizirkus Saalbach-Hinterglemm 60 Anlagen, die pro Stunde 50.000 Personen verkraften, und mehr als 200 Skilehrer betreuen Tausende Gäste.
Die Landung auf dem Kohlmaiskopf beendet unseren Abstecher in die touristische Pionierzeit. Wir steigen ostseitig bis zur Station des Sessellifts ab und biegen scharf nach links in den „Saalachtaler Höhenweg" ein, der nordwestwärts am Kohlmaiskopf vorüber und dann sanft bergauf-bergab bis zum Spielbergtörl führt. Hier beginnt der eher scharfe Anstieg zum Gipfel. Vor allem im Mittelteil ist Trittsicherheit erforderlich. Den an sich verlockenden Alternativen zur Rückkehr bzw. zum Abstieg nach Saalbach – dem „Saalbacher Höhenrundweg"

*Saalachtaler Höhenweg (FVV Saalfelden).*

– sollte man widerstehen, soferne man die Mountainbiker scheut.

## GROSSER ASITZ

**1914 m** **37**

***Kanzel zwischen Kalkklötzen und Keesbergen***

*Anfahrt Saalbach/Kohlmais-Gipfelbahn (Info Tel. 06541/6271-0).*
*Start Kohlmaiskopf 1794 m, tiefster Punkt 1740 m, höchster Punkt und zugleich Ziel Großer Asitz 1914 m.*
*Insgesamt 10 km, 350 Höhenmeter Anstieg, 3,5 Stunden Gehzeit.*

Vom Kohlmaiskopf steigen wir ostwärts ab zur Bergstation des Sessellifts und folgen fortan dem „Saalachtaler Höhenweg" (Markierung 771): um den Mardeggkopf nordseitig herum, sanft bergan auf den Pründlkopf, durch eine flache Senke hinüber auf den Wildenkarkogel und 100 Höhenmeter hinunter zu einem Knoten von acht Wegen. Wir wählen erst die Nr. 773 und dann die kurze Mountainbikerstrecke als Direktanstieg auf den Großen Asitz, einen hervorragenden Aussichtspunkt zwischen den Kalkklötzen im Norden und den Keesbergen im Süden.
Hier könnte man sich an Belsazar Haquet de la Motte erinnern, den Arzt, Naturwissenschafter, glühenden Aufklärer und alpinistischen Entdecker

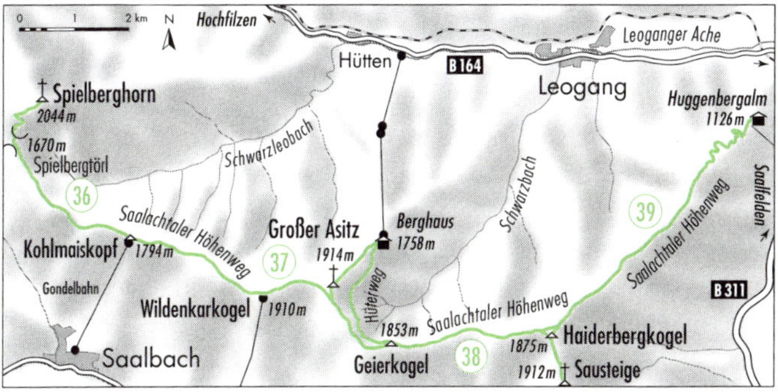


der Ostalpen. Er berichtete 1785, daß „im Pintzgau die Landmädel ausnemende Schönheiten unter sich haben. Doch von einem so erleuchteten Fürsten (Erzbischof Colloredo) hätte ich nie vermuthet, daß er zulassen sollte, daß ein armes Mädel seines sanguinischen Temperaments halber wenn sie Mutter wird mit 10 Gulden (= ca. 3000 Schilling) Geldstrafe zu belegen, wo ein wohl eingerichteter Staat ihr unter die Arme greiffen soll und just das Gegentheil tut. Wird nicht eine solche Arme gezwungen, andere Laster zu begehen, um das Geld zu bekommen?"
Als Rückweg verdient abermals der „Saalachtaler Höhenweg" den Vorzug. Er gewährt ungleich bessere Rundsicht als der „Schönleitenwaldweg", der bei der Schönleitenhütte als Nr. 17 nach links abzweigt und parallel zum Höhenweg verläuft, wenngleich durchschnittlich 100 Höhenmeter tiefer.

## SAALACHTALER WEG I

**38**

***Wie Bayern zu Pinzgauer Wäldern kam***

*Anfahrt nach Leogang/Hütten Asitzbahnen (06583/8219). Start Bergstation Asitzhütte 1752 m, tiefster Punkt 1700 m, höchster Punkt und Ziel Sausteige 1912 m. Insgesamt 14 km, 500 Höhenmeter Anstieg, 4,5 Stunden Gehzeit.*

Während der Auffahrt schweben die Gondeln über bayerischem Wald. Und das kam so: Ab dem 13. Jahrhundert behauptete Salzburg den Rang eines europäischen Großproduzenten an Salz. Dieser Reichtum finanzierte jenen Bauboom, der Salzburg zum Weltkulturerbe machte. Doch das kostete Unmengen Holz. Denn allein Holz – auch in Form von Holzkohle – lieferte kalorische Energie, ehe die Eisenbahn ab 1860 den Massentransport von Kohle gestattete. Als Erzbischof Wolf Dietrich zur Finanzierung seiner gewaltigen Baupläne die jährliche Salzproduktion in Hallein von 26.000 auf rund 37.000 Tonnen hinauftrieb, verschlang das einen Holzstoß von einem Meter Höhe, einem Meter Breite und 210 Kilometer Länge. Auch Berchtesgaden und Reichenhall sotten Salz und waren dabei auf Holz angewiesen, das auf der Saalach aus dem Pinzgau angetriftet wurde – wie auch Hallein einen erheblichen Teil seines Holzbedarfs im Pinzgau deckte und auf der Salzach anschwimmen ließ. Mit der Zeit erwarben die Bayern Rechte zur Nutzung von Holz für ihre Salinen. Das bot ebensooft Ärger wie das Wildern der Halleiner Salzindustrie in Bayerns alpiner Unterwelt. Nach jahrelangem Tauziehen einigten sich schließlich Österreich und Bayern am 18. März 1829 auf die Salinenkonvention. Danach dürfen die Halleiner bis zu 1500 Meter weit in den Berchtesgadener Salzberg vorstoßen, während Bayern zwei Drittel seiner Pinzgauer Saalforste „für ewige Zeiten" als steuer- und abgabenfreies Grundeigentum bekam. Dieses Privileg galt immerhin für fast 14.000 Hektar Wald.

Und just über so ein auf ewig bayerisches Grundstück schweben wir zur Asitzhütte hinauf. Wir sparen uns den kürzeren Hüterweg ostseitig unterm Asitz vorbei für die Rückkehr auf und steuern nach der Markierung Nr. 28 dem Kamm entlang direkt auf den Großen Asitz zu, schwenken dort auf den Südostkamm ab und folgen dem „Saalachtaler Höhenweg" über den Geierkogel, durch die Senke des „tiefen Tales", biegen knapp vor dem Haiderbergkogel nach rechts (südwärts) ab und folgen nun dem markierten Weg Nr. 11 H rund 100 Höhenmeter bergan auf die Sausteige.

Als Rückweg nehmen wir wieder den „Saalachtaler Höhen-

*Auf den Pinzgauer Grasbergen, Blick gegen Großvenediger (SLT).*

*Auf den Saalbacher Grasbergen, Blick gegen Steinernes Meer und Hochkönig (SLT).*

weg", weichen jedoch auf dem Geierkogel nach rechts auf den Hüterweg (Markierung Nr. 28) aus, der uns ohne Gegenanstieg in weitem Bogen nordwärts unterhalb der Asitzgipfel durch die Asitzmulde wieder zur Gondelbahn zurückweist.

## SAALACHTALER WEG II

**39**

***Ein großes Finale auf der Sommerrodelbahn***

*Anfahrt nach Leogang/Hütten Asitzbahnen (Info Tel. 06583/8219).*
*Start Bergstation Asitzhütte 1752 m, tiefster Punkt und Ziel Liftstation Huggenbergalm 1128 m, höchster Punkt Großer Asitz 1914 m.*
*Insgesamt 12 km, 300 Höhenmeter Anstieg, 900 Höhenmeter Abstieg, 4 Stunden Gehzeit.*

Wir folgen zuerst dem Weg über den Großen Asitz (Markierung Nr. 28) und dann dem Saalachtaler Höhenweg Richtung Sausteige (Markierung Nr. 773) wie in Route Nr. 38. An der Wegscheide vor dem Haiderbergkopf bleiben wir auf der Nr. 773, die links an diesem Gipfel vorbei nach Nordosten auf den langen, sanft abfallenden Kamm einschwenkt.
Nach gut 300 Höhenmetern Abstieg erreichen wir die freien Hänge der mit Liften erschlossenen Bibergalm, über die es etwas steiler und zügiger hinuntergeht zur Bergstation der Sesselbahn Huggenberg (Info Tel. 06582/72173). Hier harrt unser das eher rare Vergnügen, auf einer Sommerrodelbahn die verbliebenen 350 Höhenmeter in das Tal hinunter zu flitzen.

## SCHÖNTALJOCH (RETTENSTEIN I) 2029 m

**40**

***Wanderung auf der Grenze Salzburgs mit Tirol***

*Anfahrt zum Paß Thurn/Talstation Sesselbahn Resterhöhe (Info Tel. 06562/8379).*
*Start Bergstation Resterhöhe 1786 m, Ziel und zugleich höchster Punkt Schöntaljoch 2029 m, tiefster Punkt Stangenalm 1729 m.*
*Insgesamt 16 km, 700 Höhenmeter Anstiege, 5,5 Stunden Gehzeit.*

Auf der Bergstation Resterhöhe beginnt eine großartige Höhenwanderung, die zwischen einem Rasenkamm hart an der 2000-Meter-Grenze und weiten Almböden wechselt. Die beste Orientierung liefern die Tafeln des „Arnoweges", denen wir auf dem Fahrweg südwestwärts hinauf zum Kamm folgen. Jetzt schwenken wir links in den Panoramaweg ein, gehen südseitig um die Hanglhöhe herum und durch das Tanztörl hinauf zur Panorama-Alm und dann vom Kamm nach links fast 200 Höhenmeter hinunter zu den Erlschliefalmen. Hier dreht der „Arnoweg" nach Nordwesten über die Stangenalm zum Stangenjoch und steigt über einen breiten Rücken an die 300 Höhenmeter hinauf zum Schöntaljoch.

Jetzt fällt nach drei Gehstunden die Entscheidung, ob Kondition und Trittsicherheit zu einem verlockenden Abstecher von zusammen zwei Stunden reichen: Nordwestwärts auf dem Weg Nr. 36 bis unter den Großen Rettenstein und dann steil auf einem gesicherten Steig direkt 300 Höhenmeter hinauf in die Scharte und nach rechts zum Kreuz auf dem Nordgipfel, der auf der Grenze Salzburg-Tirol eine unvergleichliche Rundsicht gewährt. Schneereste und Nässe raten bei diesem Abstecher zu konzentrierter Umsicht. Abzuschätzen bliebe zudem, ob wir auf dieser Wanderung von ins-

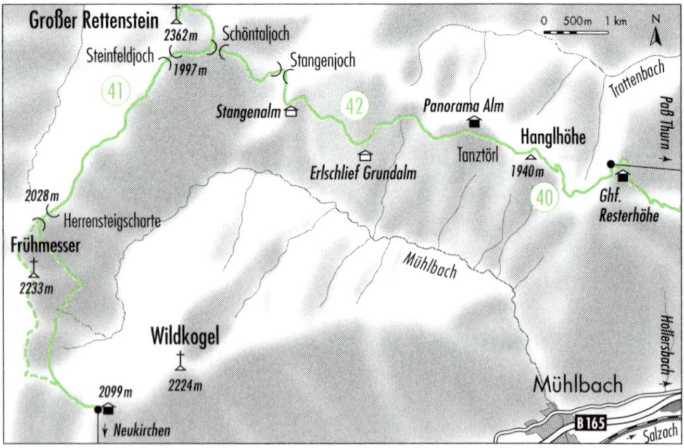

gesamt 7,5 Stunden Nettogehzeit noch die letzte Fahrt der Sesselbahn hinunter auf den Paß Thurn erwischen (Info Tel. 06562/8379). Wer den Großen Rettenstein als Ziel dieser Höhenwanderung anstrebt, sollte eine Nächtigung auf der Panorama-Alm (Info Tel. 0663/9169210 oder 06412/6411) in Erwägung ziehen und von dort um sieben Uhr aufbrechen.
Für den Rückweg vom Schöntaljoch zur Sesselbahn veranschlagen wir 2,5 Stunden, weil es mit Ausnahme eines Gegenanstiegs vorwiegend leicht bergab geht.

## STEINFELDJOCH (RETTENSTEIN II)

**1997 m** **41**

***Stundeslanges Wandern auf 2000 Meter Höhe***

*Anfahrt nach Neukirchen, Wildkogelbahn (Tel. 06565/62050).*
*Start und zugleich höchster Punkt Bergstation der Wildkogelbahn 2099 m, Ziel Steinfeldjoch 1997 m, tiefster Punkt Gernscharte 1978 m. Insgesamt 14 km, 300 Höhenmeter Anstiege, 4,5 Stunden Gehzeit.*

Auf dieser Höhenwanderung durchqueren wir anfangs entlang der 2000-Meter-Höhenschicht in weitem Bogen (Markierung Nr. 02 und 35) das Skigebiet im weiten Flecklkessel an der Westseite des Wildkogels.
Dort speist Österreichs höchstgelegene Photovoltaik-Anlage einen Schlepplift mit Solarstrom und die Pistenwalzen fahren mit Biodiesel aus Rapsöl.
Das beweist immerhin, daß touristische Erschließung nicht nur auf Kosten der Natur gehen muß.
An der Herrensteigscharte (2028 m) klinken wir uns für eine großartige Kammwanderung in den „Arnoweg" ein: nordostwärts ganz leicht bergauf-bergab auf den massigen Rettenstein zu.
Hart an seinen Südabstürzen steht auf dem Steinfeldjoch (1997 m) eine Entscheidung an: umkehren oder noch den Großen Rettenstein dranhängen.
Falls der Sinn nach höheren Tönen steht, umgeht man den Rettenstein an seiner Südseite (Vorsicht bei Nässe) leicht ansteigend bis zum Schöntaljoch und von dort (wie Route 40)

*Unterwegs vom Wildkogel zur Herrensteigscharte, Blick zum Rettenstein (Verkehrsverein Neukirchen).*

zum Gipfel. Das verlängert unsere Tour um fast 400 auf 700 Höhenmeter und um 2,5 auf sieben Stunden Gehzeit.

Auf dem Rückweg bietet sich bei der Herrensteigscharte eine lohnende Variante an, die Trittsicherheit und eine schwache Stunde zusätzlicher Gehzeit erfordert: auf dem markierten Steig südwärts 200 Höhenmeter hinauf zum weithin sichtbaren Gipfelkreuz des Frühmessers (2233 m) und jenseits des Gipfels über den Kamm bei großartiger Rundsicht auf die Hohen Tauern hinunter zur Bergstation der Sesselbahn.

## RETTENSTEIN HÖHENRUNDE 42

***Großartige Rundtour um einen versteckten Kessel***

Diese Wanderung kombiniert die Routen Schöntaljoch und Steinfeldjoch zu einer großartigen Rundtour um den versteckten Kessel des Mühlbaches, der in Mühlbach (zwischen Hollersbach und Bramberg) in die Salzach mündet. Ohne Abstecher auf den Großen Rettenstein sind für diese 16 Kilometer lange Höhenwanderung von der Resterhöhe zur Wildkogelbahn bei 600 Höhenmetern Anstieg insgesamt sechs Stunden Geh-

## AUFWÄRMEN UND OCHSENTROTT

*Der milde Muskelkater in den Beinen motiviert am Morgen nach einer Anstrengung eher zu Massage und einem langen warmen Bad denn zu einer Wanderung. Diese sollte man wegen der Aussicht auf ein Aha-Erlebnis trotzdem riskieren. Nach einer halben Gehstunde vergißt man nämlich das Muskelziehen – weil es verflogen ist. Einerlei ob Massage, Bad oder Wandern; alle drei Methoden fördern die Durchblutung und daher den Abtransport von Schlacken aus den Muskeln.*

*Wandern erzeugt zudem Wärme (schießlich schwitzt man). Und so zeigt das Ende des Muskelkaters in den Waden an, daß der Körper die richtige Betriebstemperatur für mäßig dosierte Ausdauerleistung erreicht hat.*

*Diese Betriebstemperatur sichert auch optimale Beweglichkeit und Elastizität der Muskulatur im Fall einer jähen Bewegung (wie das Abfangen eines gröberen Stolperers). Nicht umsonst wärmen Leistungssportler ebenso gründlich wie gewissenhaft auf, denn sie wollen Zerrungen und Muskelrissen vorbeugen.*

*Für das Ausschütteln eines Muskelkaters und das Warmgehen gilt eine gute Uraltregel: „Wer schneller auf den Berg geht als ein Ochs', ist ein Ochs'." Man braucht das nicht streng anzuwenden, aber für die ersten 20 Minuten einer Bergwanderung ist das eine taugliche Faustregel.*

*Dafür spricht noch ein völlig anderer Aspekt. Im Vergleich zu den vielen Bewegungsachsen im Tennis oder im Geräteturnen sind Gehen, Laufen und Steigen geradezu primitiv eindimensionale Bewegungsabläufe, die in Gruppe gelegentlich zum Marsch im Gleichschritt „zwingen". Trotzdem gerät der Bergwanderer leicht aus dem gewohnten Trott, wenn einem Abstieg wieder ein Anstieg folgt. Da steigt plötzlich die Anforderung an die Leistungskraft – also an Kreislauf und Atmung – und schon fällt man aus dem Gehtakt (man sagt auch: aus dem Rhythmus). Es dauert dann eine Weile, bis Atmung, Kreislauf und Schrittfolge wieder den angemessenen Schritt gefunden haben.*

*Die gefürchteten Gegenanstiege verlieren somit ihren Schrecken, wenn man sie (zumal als älterer Mensch) im Ochsentrott angeht.*

zeit zu veranschlagen. In umgekehrter Richtung vermindern sich die Anstiege auf knapp 300 Höhenmeter und die Gehzeit um ungefähr eine Stunde auf deren fünf.
Damit ist die Variante Wildenkogel-Resterhöhe schlichtweg ein Klassiker des Höhenwanderns: Durchschnittliche Höhe des Weges um die 2000 Meter und wenig Anstiege, daher keine intensive Belastung; hingegen große Distanz, daher gleichmäßige und langanhaltende geringe Belastung.
Der Abstecher auf den Großen Rettenstein brächte die Gesamtgehzeit von sechs auf acht bzw. von fünf auf sieben Stunden. Wichtig für die Planung sind die Fahrten der Sesselbahnen, die im Regelfall von 8 bis 16.30 Uhr fahren, also 6,5 Stunden Spielraum lassen (Liftinformationen 06562/8379 bzw. 06565/ 6256). Wer sich von den Zeitvorgaben der Lifte nicht stressen läßt, plant eine Nächtigung in der Panorama-Alm (Info Tel. 06639/9169210 oder 06412/6411).

# *Niedere Tauern*

*Das Haselloch südlich des Tappenkarsees an der Grenze Lungau/Pongau.*

Es ist durchaus keine alpinistische Bildungslücke, die Kalte Wandspitze trotz ihrer beachtlichen 2822 Meter und der grandiosen Skiabfahrt nordwärts durch eine Steilrinne zum Karwassersee nicht zu kennen. Sie bildet aber politisch ein Dreiländereck und geographisch einen Dreikettenknoten.
Hier stoßen der Lungau, der Pongau und Kärnten zusammen; hier streben drei Gebirgszüge auseinander: die Hohen Tauern westwärts, die Niederen Tauern nordwärts und die Hafnergruppe südostwärts.
Als Gebirgszug reichen die Niederen Tauern (wiewohl unter anderen Namen) bis in das Burgenland, wo sie als Hügelland dann in der ungarischen Puszta verebben.
Jenseits von Wien, Donau und Preßburg tauchen sie als Karpaten wieder in der Geographie auf.
Wir beschränken uns bei den Höhenwanderungen auf den Bereich zwischen Radstädter Tauern und dem Haselloch im südlichen Abschluß des Kleinarler Tales.
Der Charakter dieser Berge verdient Respekt: steile Schuttkare, schroffe Gipfelaufbauten, bei Nässe durchaus lebensgefährliche Grashänge, jähe Felsstufen mit ernsthaften Anforderungen an sicheren

Tritt und Schwindelfreiheit und als Kontrast dazu im Süden und Westen die grasigen Ausläufer.

Diese Eigenart verdankt der Radstädter Tauern den Erdzeitaltern, die hier vor 140 Millionen Jahren einen gewaltigen Kalkstock liegen ließen, während die übrigen Kalkformationen beim Auffalten der Hohen Tauern nach Norden abrutschten.

Die neben dem Brenner wichtigste Nord-Süd-Verbindung durchschneidet die Ostalpen beim Radstädter Tauern: Die alte Tauernstraße auf römischem Unterbau und die Tauernautobahn durch meisterhaften Tunnelbau.

Vor einem Jahrhundert rissen sich der Lungau, Flachau, Großarl, Gastein und der Felber Tauern um eine Bahnlinie durch das Massiv der Hohen Tauern; damals machte das Weltbad Gastein das Rennen. Den Lungau und die Flachau ereilte die Ehre eines europäischen Durchhauses erst 1975.

Doch wo viel Schatten, da auch einiges Licht – beispielsweise die überraschende Sommerruhe auf dem Radstädter Tauern.

## OBERTAUERN, SÜDWIENERHÜTTE 1802 m — 43

***Pferdewechsel für die Boten des römischen Kaisers***

*Anfahrt zum Friedhof in Obertauern.*
*Start in Obertauern 1739 m, höchster Punkt 2082 m, tiefster Punkt 1647 m, Ziel Südwienerhütte 1802 m (Tel. 0663/9788711).*
*Insgesamt 16 km, 500 Höhenmeter Anstiege, 5,5 Stunden Gehzeit.*

Diese Paradehöhenwanderung beginnt in Obertauern beim Friedhof, dessen Würde offenkundig nicht einmal der touristische Wirbel etwas anzuhaben vermag. Die ältesten auf diesem „Friedhof der Namenlosen" erkennbaren Grabstätten stammen aus den Jahren 1534 und 1545. Nach vielen Anzeichen ruhen hier allerdings schon seit dem 12. Jahrhundert Lawinenopfer, deren Namen mit ihren Trägern in die Erde versanken.

Irgendwo nebenan stand vor fast zwei Jahrtausenden die römische Raststation „In alpe", in der berittene Boten des Kaisers Pferde wechseln, nächtigen und Proviant fassen konnten. Immerhin schaffte so ein Bote damals je nach Dringlichkeit, Gelände und Anzahl der Pferdewechsel im Tagesdurchschnitt zwischen 75 und 200 Kilometer. Günstigstenfalls brauchte dann die Post von Rom nach Salzburg (Juvavum) fünf Tage – auch nicht länger als heute.

Vor dem Friedhof fanden Archäologen die dürftigen Reste der im Jahr 202 ausgebauten Römerstraße. Die Stürme der Völkerwanderung haben sie verweht. Doch den Spuren der Römer folgte ein Saumpfad, der um 1520 zu einem „Fahrweg" für den transalpinen Verkehr ausgebaut und mit ausnehmend paßnahen „Tauernhäusern" gesichert wurde: südseitig mit der längst verschwundenen Taverne Schaidberg, nordseitig mit dem 1561 errichteten Gasthof Wisenegg.

Wir gehen auf der Tauernstraße 200 Meter westwärts und schwenken nach links ab auf den Fahrweg, der um einen Buckel und unter dem Schlepplift hindurch bei einer Hütte in den „Tauernhöhenweg" mündet. Dessen Markierung mit Nr. 02 und Nr. 702 folgen wir westwärts. Nach einem kurzen und ziemlich ebenen Stück beginnt der Weg oberhalb von Wisenegg auf gut zwei Kilometer Distanz über 200 Höhenmeter mäßig anzusteigen – bis zu einem Wegweiser, an dem der steile Weg herauf von der Felseralm endet. Links ruht 40 Höhenmeter unter uns in einer abweisenden Geröllmulde der Wildsee, der keinen Abfluß hat.

300 Meter weiter westlich halten wir uns beim Wegweiser rechts (der sehr lohnende Abstecher nach links über 400 Höhenmeter auf die Klockerin dauert hin und zurück an die zwei Stunden) entlang den Abstürzen der Großwandspitzen, erreichen am Rand des Pleißlingkessels auf 2082 Meter den höchsten Punkt unserer Wanderung, gehen durch eine Senke hinüber zum Hengst und nun 250 Höhenmeter hinunter zur Südwienerhütte. Man ahnt auch heute noch, warum der alpinistische Wiener Skipionier Hans Schwanda noch nach dem Zweiten Weltkrieg das Revier um die Südwienerhütte als besonderes „Skiglück in den Tauern" besang.
Als Rückkehr nach Obertauern nehmen wir den Hirschwandsteig (Markierung Nr. 25), der anfangs sanft knapp 100 Höhenmeter abfällt und sich dann an die Höhenschichtlinie 1700 Meter hält. Wir passieren den Nordabsturz der Hirschwand und queren etwas oberhalb der Felseralm zur Neuhofalm.
Diese ehemaligen Almen verdanken gleich anderen in den österreichischen Skigebieten ihre Karriere von der Hütte zum Hotel den Schulskikursen. Als diese kurz nach dem Zweiten Weltkrieg begannen, fehlte es an Unterkünften – zumal an erschwinglichen. Also adaptierten vife Bauern ihre Häuser und Hütten zu vorwiegend spartanischen, aber warmen Unterkünften für Schulskikurse (und gleich auch für Sommerlager). Diese boten die Basis für finanziellen Steilaufstieg über Pensionen zu Hotels.
Wir erreichen schließlich den Tauernhof. Dort öffnet sich ein Almboden, der sich ostwärts bis zum Petersbühel hinzieht, den letzten kurzen Aufschwung zum Tauernfriedhof.

## JAKOBERALM 1846 m 44

***Allein mit den Kunstbäumen der Kraftwerker***

*Start und zugleich tiefster Punkt ist der Radstädter Tauern 1739 m, höchster Punkt die Taferlscharte 2236 m, Ziel die Jakoberalm 1846 m (Tel. 06478/504).*
*Insgesamt 17 km, 800 Höhenmeter Anstieg, 5,5 Stunden Gehzeit.*
*Für den Abstieg von der Jakober- zur Schliereralm wären*

*noch 350 Höhenmeter und eine Stunde zusätzlich zu rechnen. In jedem Fall ist für den Transport aus dem Riedingtal (Mautstraße) vorzusorgen (Info Tel. 06418/222).*

Diese konditionell anspruchsvolle Tour kann durch Nächtigung in der Südwienerhütte (Tel. 0663/9788711) in zwei nahezu gleich lange Strecken geteilt werden.
Die erste Halbetappe folgt dem Tauernhöhenweg vom Friedhof in Obertauern (Route 43) bis knapp vor die Südwienerhütte. Dort schwenkt auf Höhe 1926 Meter der Tauernhöhenweg nach links (südwärts) ab, führt über eine Bodenwelle und durch einen Kessel und steuert entlang der Hochspannungsleitung immer leicht ansteigend über das Windsfeld – einem alten Übergang vom Pongau in den Lungau – auf die Taferlscharte zu. Auf diesem höchsten Punkt der Wanderung lohnen Abstecher auf die Stampferwand (schrofig, Steigspuren, 106 Höhenmeter) oder auf das Taferlnock (Steigspuren, 140 Höhenmeter).
Von der Taferlscharte fällt der Tauernhöhenweg unter der Wandflucht von Taferlnock und Permuthwand westwärts gemächlich ab bis knapp an die Kößlerhiasalm und steigt dann südwärts über sanfte Almböden nochmals gut 200 Höhenmeter zur Senke zwischen Wurmfeld und Schöpfing an. Um diesen südseitig herum steigen wir 200 Höhenmeter zur Jakoberalm ab.
Hier steht die Entscheidung an, ob übernachtet, zur Schlieeralm abgestiegen, oder noch eine Etappe angehängt wird.

## HASELLOCH 2135 m 45

***Einst wichtiger Übergang vom Pongau in den Lungau***

*Start Jakoberalm 1846 m, höchster Punkt 2245 m, Ziel und zugeich tiefster Punkt 1680 m.*
*Insgesamt 10 km, 450 Höhenmeter Anstiege, 4 Stunden Gehzeit.*
*In jedem Fall ist aber der Transport von der Königalm durch das Riedingtal nach Zederhaus und die Weiterfahrt auf den Radstädter Tauern zu klären (Info Tel. 06418/222).*

Von der Jakoberalm steigt der Tauernhöhenweg (Markierung

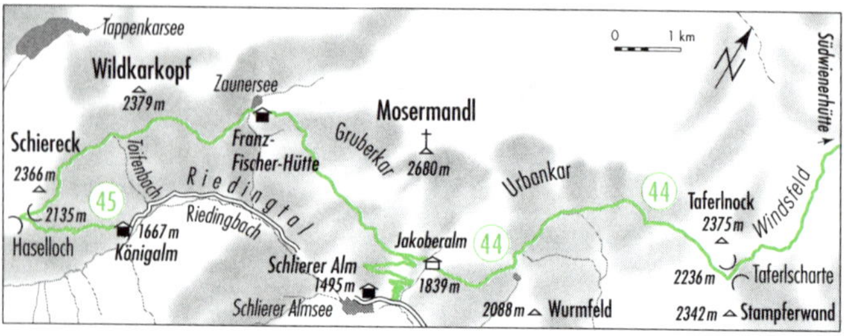


Nr. 02 und 702) 200 Höhenmeter eher steil auf einen Ausläufer des Mosermandls an, führt durch das coupierte Gruberkar auf einen Riedl (2090 m) und dann südwestwärts hinunter zur Franz-Fischer-Hütte (2001 m, Tel. 0663/062535). Ab dieser Hütte folgen wir dem Tauernhöhenweg noch am idyllischen Ilgsee vorbei bis zur Weggabelung an der Südflanke des Wildkarkopfes. Dort halten wir uns links (südwärts) erst über die Feuchtwiesen des Tiefenbaches und dann über Almböden ansteigend zum höchsten Punkt dieser Etappe (2245 m) an der Ostseite des Schierecks (das über den Rasen weglos in 20 Minuten mitzunehmen wäre) und dann hinunter in das Haselloch. Hier treffen wir auf den Weg Nr. 722, der rechts vom Tappenkarsee heraufführt. Dieses Haselloch war bis in das späte 19. Jahrhundert von Wanderern als Verbindung zwischen Oberlungau und Pongau mehr genutzt als der Radstädter Tauern.

Vom Haselloch fehlen nur noch 350 Höhenmeter und 45 Minuten ostwärts über Almwiesen hinunter zur Königalm.

## VARIANTE GNADENKAR

**46**

***Ein ganz stiller Winkel im Alpenhauptkamm***

*Start Südwienerhütte 1802 m, höchster Punkt 1835 m, Ziel und zugleich tiefster Punkt Gnadenbrücke 1278 m. Insgesamt 8 km, 100 Höhenmeter Anstieg, 650 Höhenmeter Abstieg, 2,5 Stunden Gehzeit.*

*Diese Variante kann (auch nach einer Nächtigung) der Etappe von Obertauern zur Südwienerhütte angehängt werden. Insgesamt ergibt das*

*17 km, 450 Höhenmeter Anstieg und 8 Stunden Gehzeit. Sinn für Orientierung ist erforderlich.*

Der Fahrweg von der Südwienerhütte westseitig um den Spirzinger mag nicht nach jedermanns Geschmack sein. Allerdings entschädigen dafür die Ausblicke auf Mosermandl und Faulkogel ebenso wie der Weiterweg durch eine wenig begangene Landschaft mit dem Charakter eines Parks. Schon oberhalb der Hafeichtalm zweigen wir nach rechts (nordostwärts) ab und folgen dem markierten Weg Nr. 26 durch den Hafeichtkessel leicht ansteigend zur Hafeichtscharte. Hier biegt der markierte Weg nordwärts Richtung Steinfeldspitze ab. Wir aber folgen dem nicht sehr deutlich markierten Steig leicht bergab in das weite Gnadenkar, biegen um den Südostkamm des Bärenstaffls herum nach Norden, passieren ein Gatterl und queren nun in die steile Ostflanke etwa 300 Meter weit bis zu einem auffallenden breiten Lawinengang. Dort biegt nach links ansteigend ein Weglein ab, wir halten uns aber auf dem markierten Zickzack direkt 240 Höhenmeter hinunter auf den weiten Boden der Gnadenalm, münden ein in den Fahrweg und erreichen nach 600 Metern die Bushaltestelle bei der Gnadenbrücke.

## TAUERN-SEENPLATTEN 47

***Die Sonnenseite des Radstädter Tauernpasses***

*Anfahrt nach Obertauern/Grünwaldlift.*
*Maximalvariante: Start bei der Bergstation des Grünwaldlifts auf 1930 m, höchster Punkt 2084 m, Ziel und zugleich tiefster Punkt Tweng 1233 m. Insgesamt 12 km, 500 Höhenmeter Anstieg, 1200 Höhenmeter Abstieg, 5 Stunden Gehzeit.*
*Diese Höhenwanderung auf der Sonnenseite des Radstädter Tauernpasses ist ganz nach Bedarf zu variieren. Durch den kurzen Abstieg von der Ernstalm nach Schaidberg spart man ab der Twenger Alm 250 Höhenmeter Anstieg, 850 Höhenmeter Abstieg und 5 km bis Tweng.*

Unsere Runde beginnt beim großen Parkplatz neben dem

*Unbeirrbar stellt die Zirbe im Herbst ihr Wachstum ein. Sie speichert in ihrem Stamm bis zu 400 Liter Wasser und macht es frostsicher, indem sie Kohlendioxid in Zucker umwandelt – ähnlich dem Glykol im Kühlsystem des Autos. Die Zirbe „weiß“ nämlich, daß schon im Herbst über Nacht mit dem Winter auch die gefürchtete „Frosttrocknis“ hereinbrechen kann – das Verdursten. Doch mit gefüllten Wassertanks hält die Zirbe Minustemperaturen bis zu 40 Grad aus.*

*Hingegen wirft die Lärche ihre Nadeln ab, reduziert somit das Abatmen von Feuchtigkeit auf einen Bruchteil und entgeht so der Frosttrocknis.*

*Noch auf dem Gipfel des Großglockners wächst der Gletscherhahnenfuß. Auch dieser Hochalpinist unter unseren Alpenpflanzen läßt sich nicht vom freundlichsten Herbst bluffen. Er steckt die letzte Phase seiner Vegetationsperiode in die Produktion unterirdischer Ansätze von Blättern und Blüten. So hat er im Frühjahr einen Blitzstart in das Wachstum und überlebt mit nur 70 Tagen Vegetationsperiode.*

*Nun leuchtet ein, warum Alpenblumen kürzere Stengel, kleinere Blätter und sogar Haare haben. Das verkürzt die für Kälte anfällige „Wasserleitung“ und schützt den Stengel vor Sonnenlicht und Vertrocknen.*

*Im Herbst „wissen“ auch Schneehuhn, Schneehase oder Wiesel, daß sie ihr Fell von braun auf weiß umfärben müssen, um die Tarnfarbe der Jahreszeit anzupassen und das Überleben der Art sicherzustellen.*

*Gleich den Pflanzen beziehen diese Tiere ihr „Wissen“ aus der Sonnenenergie, die durch „Lichtsteuerung“ den Pflanzen die Anlage von glykolgeschützten Wassertanks und den Tieren den Wechsel des Kleides nahelegt. Diese Lichtsteuerung hängt von der Tageslänge ab und heißt deshalb Photoperiode. Im Gegensatz zum Wetter ist die Länge des Tages absolut zuverlässig, weil von der Sonne unbeirrbar gesteuert. Folglich widerruft die Lichtsteuerung im Frühjahr ihr Kommando vom Herbst: Die Pflanzen schalten wieder von Schutz gegen Frosttrocknis auf Wachstum und die weißen Tiere wieder auf ihre sommerliche Tarnfarbe.*

Lift auf den Grünwaldkopf. Bei der Anfahrt von Radstadt herauf zwängt sich die Straße 400 Meter vor unserem Ziel zwischen dem Hotel Wisenegg (links) sowie einem Jugendheim und der Kirche durch. Dieses Gotteshaus setzte der Salzburger Dombaumeister Santino Solari 1620 als Ersatz für das 1224 neben dem Tauernfriedhof gebaute Kirchlein als Zuflucht der Wanderer auf den wilden Tauern. Das moderne Jugendheim wurde 1721 für den Tauernvikar gestiftet. Dieser Priester der Einsamkeit las in der Tauernkirche nebenan täglich die Messe, betreute die Tauernwirte, ihr Personal, die Älpler, die Reisenden und segnete die Opfer des Winters auf dem Friedhof zur ewigen Ruhe.

Als Kaiser Franz I. am 1. Oktober 1807 seine Durchreise im Wisenegg für ein Mittagsmahl zu unterbrechen geruhte, bat er den Tauernvikar zu Tische und fragte ihn, wie es denn da heroben stehe. Seine Antwort: „Schlecht, Majestät. Wie soll es einem gut gehen, wenn man nichts zu nagen und nichts zu beißen hat." Worauf Seine Majestät dem Geistlichen 50 Gulden zustecken ließ – den Preis für fünf Kühe!

Unsere Wanderrunde beginnt mit der Liftfahrt auf den Grünwaldkopf (Info Tel. 06456/7226) am Südrand des großen Seekars. Gewiß bilden Lifte und die trotz der Begrünung immer noch vom natürlichen Umfeld kraß abstechenden Pisten keinen erbaulichen Anblick. Aber wenigstens verloren sie den Charakter eines Übungsplatzes für Panzer und Artillerie. Allerdings wollen wir den Menschen in unseren Gebirgstälern zugestehen, daß sie mit dem Fremdenverkehr ihre materielle Lebensgrundlage entscheidend verbessern.

So ist es auch sinnvoll, die massiven Eingriffe des Pistenbaus auf bereits erschlossene Gegenden zu beschränken, damit nicht noch mehr unberührtes Bergland angetastet wird.

Vom Grünwaldkopf steigen wir ein paar Höhenmeter ab in die Senke vor dem Grünwaldsee und jenseits sanft ansteigend rechts entlang dem Schlepplift nordostwärts auf dem markierten Weg hinauf zu dem breiten Ausläufer der Seekarspitze. Beim idyllischen Krummschnabelsee streifen wir die 2000-Meter-Schicht-

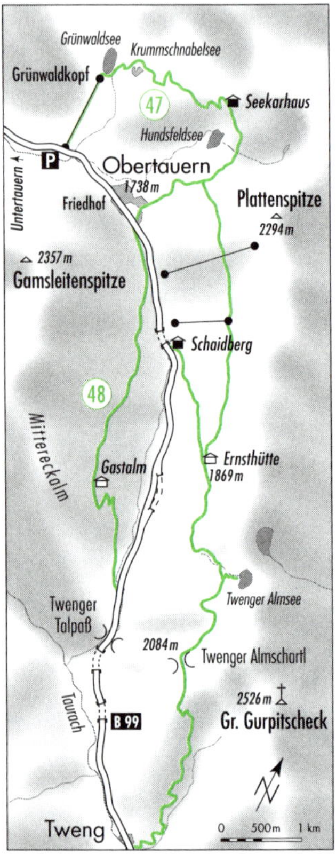


linie und gelangen auf einen Fahrweg, der auf der Skipiste ostwärts gemächlich in das ehemalige Bergbaugebiet rings um das Seekarhaus (1800 m) abfällt.
Hier schwenken wir südwärts, umrunden auf dem markierten Weg Nr. 2 den Hundsfeldsee (Hund von Hunt = Bergwerkswagerl) an der Ostseite und biegen dann an der Gabelung nach links ab auf dem mit Nr. 7 markierten Weg. Wir steigen leicht bis auf knapp 2000 Meter an, überqueren die Pisten der Plattenkarlifte und gelangen schließlich in die vom Tal aus nicht erkennbare Mulde, die der Sessellift von Schaidberg aus erschließt. Hier verlassen wir in sanftem Abstieg das erschlossene Skigebiet und steuern auf den weithin sichtbaren Balkon der Ernstalm (1869 m) zu.
Auf dem Weg dorthin durchqueren wir das Quellgebiet der „Breitlahn", des gewaltigsten und meistgefürchteten Lawinenstrichs entlang der Tauernstraße. Vor dem Bau der Lawinengalerien in den 1960er Jahren war dieser Paß jeden Winter wochenlang gesperrt. Bis dahin galt auch noch eine vergilbte Vorschrift vom 17. 1. 1839, die an den Stubentüren der Postwirte in Untertauern und Tweng hing und erstaunliche Angaben zur Lawinengefahr enthielt: Falls der Wegmacher das Überschreiten des Passes wegen Lawinengefahr für „lebensgefährlich" erkläre, sei der Weg „bei schwerer Ahndung" gesperrt. Diese Gefahr trete zumal nach Neuschnee bei „gelinder Witte-

rung ein". Dann könne ein geringes Geräusch „durch Lufterschütterung verheerende Lawinen" auslösen. Fußgänger werden „ausdrücklich gewarnt", allein den Paß zu überqueren oder bei strenger Kälte der Müdigkeit nachzugeben und sich hinzusetzen. Das bringe ihnen den sicheren Tod.

Bei der Ernstalm haben wir gut die Hälfte des Weges und der Gehzeit hinter uns gebracht. Wer sich damit begnügt, steigt nordwestwärts auf einem holprigen Fahrweg 200 Höhenmeter in gut einer halben Stunde ab nach Schaidberg.

Der Weg nach Tweng erfordert nun noch einen gemächlichen Anstieg von 200 Höhenmetern südwärts in den Kessel der Twenger Alm (lohnender Abstecher 80 Höhenmeter ostwärts hinauf zum traumhaft schönen Twenger Almsee!), dann nach der Markierung Nr. 762 auf das Twenger Almschartl und durch noch einen Kessel auf den Kamm, der vom Gurpitscheck herabzieht. Hier erreichen wir den mit 2084 Metern höchsten Punkt unserer Höhenwanderung.

Fortan geht es bergab; erst moderat in die weite Mulde der einsamen Hofbaueralm und dann ziemlich flott über 600 Höhenmeter durch Wald hinunter nach Tweng, wo wir die Rückfahrt mit dem Bus (Info Tel. 06456/7252) zum Grünwaldkopflift antreten.

## GASTALM 48

***Vom Radstädter Bergpaß zum Twenger Talpaß***

*Anfahrt nach Obertauern/ Grünwaldlift.*
*Start bei der Bergstation des Grünwaldlifts auf 1930 m, höchster Punkt 2000 m, Ziel und zugleich tiefster Punkt Tauernstraße nahe dem Twenger Talpaß 1382 m.*
*Insgesamt 9 km, 150 Höhenmeter Anstieg, 650 Höhenmeter Abstieg, 3 Stunden Gehzeit.*

Wir beginnen mit der Route Grünwaldkopf-Seekarhaus, entscheiden uns aber an der Gabelung südlich des Hundsfeldsees für den Weg Nr. 2, der direkt nach Obertauern führt. Auf dem großen Parkplatz vor dem Gamsleitenlift beginnen wir mit der Markierung Nr. 20 und folgen nun diesem ziemlich einsamen Weg, der hinter dem DAV-Haus südostwärts abbiegt und nahezu waagrecht 2,5 Kilometer weit über die steile Ostflanke der Kesselspitze zu den idyllisch gelegenen Hütten der Gastalm weist. (Hier lohnt durchaus ein halbstündiger Abstecher weglos westwärts leicht ansteigend zur Parklandschaft der Mittereckalm.) Der Abstieg zur Bushaltestelle vor dem Twenger Talpaß hält sich an den breiten Almweg. Und nun sollte sich die Planung des Rücktransports mit dem Bus zum Lift auf den Grünwaldkopf bewähren.

## „DER SCHLAFENDE RIESE“ 49

***Märchenhaftes Wandern zwischen Tauerntal und Zederhaus***

*Anfahrt nach Mauterndorf/Großecklift.*
*Start und zugleich tiefster Punkt Großeck 2072 m, Ziel und zugleich höchster Punkt Schareck 2466 m.*
*Insgesamt 14 km, 550 Höhenmeter Anstieg, 5 Stunden Gehzeit.*
*Ab dem Großen Lanschütz (2347 m) auf halber Wegstrecke ist Trittsicherheit erforderlich. Nach Regen oder bei feuchtem Geläuf ist vom Weiterweg abzuraten.*
*Da der Großecklift nicht täglich verkehrt, erfragt man unter Tel. 06472/7949-0 den Fahrplan.*

Von der Bergstation nahe dem Fernsehsender halten wir auf dem markierten Weg Nr. 745 westwärts auf dem teilweise etwas plattigen Kamm auf eine ausgeprägte und sanft ansteigende Mulde zu und schlagen dort auf dem markierten Steig nordwärts den Weg über einen Grashang zum Kleinen Lanschütz ein. Es folgt eine bezaubernde Wanderung auf weicher Grasmatte nordwärts zum Großen Lanschütz, der allerdings um sieben Meter kürzer geraten ist als der kleine. Hier beginnt ein steiniger Abstieg über 150 Höhenmeter hinunter in eine Scharte, in der unser Weg quer in einen steilen Grashang hineinschneidet, der bei Nässe gefährlich werden kann.
Wir umrunden westseitig in schrofigem Gelände die Kämpenköpfeln, passieren eine

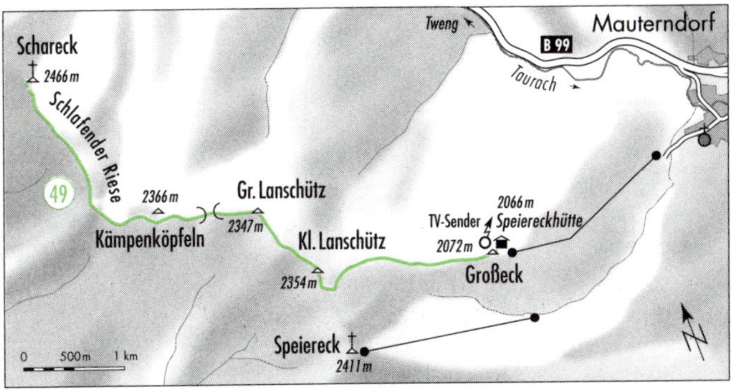


langgestreckte flache Bodenwelle und besteigen schließlich auf einem Knick über plattiges Geröll die Pyramide Schareck. Von Mariapfarr aus betrachtet bildet dieser Gipfel die etwas angezogenen Knie des auf dem Rücken „schlafenden Riesen", die Kämpenköpfeln profilieren deutlich Stirne, Nase, Mund und Kinn und die langgestreckte Bodenwelle vermittelt den Eindruck eines gut gepolsterten Bäuchleins. Auf dem Rückweg ist der Gegenanstieg hinauf zum Großen Lanschütz meist etwas mühsam, gleichwohl unvermeidlich. Daher empfiehlt sich ein Tempo im Ochsentrott.

# Keesberge

*Fuscher Lacke, im Hintergrund der Höhenzug vom Hochtor zum Hocharn.*

Die Römer nannten diese Gebirgskette „Alpen" – entlehnt vom keltischen Wort für Berg oder hoch. Im Mittelalter bürgerte sich für dieses vergletscherte Ödland die Bezeichnung „Keesberge" ein, abgeleitet vom althochdeutschen „chees" für Eis oder Gletscher. Die Übergänge der Säumer und Saumpferde im transalpinen Handel zwischen Venedig und Salzburg hießen einst „Tauern" – abgeleitet vom keltischen Wort für Paß. Und weil in diesem Gebiet die keltischen Noriker wohnten, blieb den Hohen Tauern bis zur Mitte des 19. Jahrhunderts der Name „Norische Alpen". Diese Tauern nutzten die Menschen seit Jahrtausenden als Schlupflöcher durch das abweisende Hochgebirge. Funde belegen das: ein 5000 Jahre altes gelochtes Steinbeil auf dem Korntauern; ein Bronzedolch aus der Zeit um 1600 v. Chr. an der Glocknerstraße; ein um 600 Jahre jüngeres Bronzeschwert auf dem Kalser Tauern und eine rund 1800 Jahre alte Statuette des Halbgottes Herkules, dem die Römer auf dem Hochtor ein kleines Heiligtum errichtet hatten. Man nennt dieses Hochgebirge heute noch „Keesberge", auch weil das den Charakter der Salzburger Gebirgszüge sehr gut trifft: Kalkberge im Norden, Grasberge in der Mitte und Keesberge im Süden. Das sind jeweils binnen weni-

ger Stunden 1800 Höhenmeter Anstieg von den Getreidefeldern und üppig blühenden Bauernwiesen durch alle Stufen der Vegetation bis zum Ödland der Felsen und Gletscher; oder botanisch so viel wie eine Reise von Salzburg in die Arktis – nicht weniger als 4000 Kilometer.
Die Keesberge sind naturgemäß auch Salzburgs Wasserreservoir, weil die Hohen Tauern vorwiegend nordwärts entwässern. Deshalb folgten den Jägern, Goldsuchern, Säumern und frühen Bergwanderern auch bald die Ingenieure. Reichlich fließendes Wasser sollte in saubere, erneuerbare Energie umgewandelt werden. So kommt es, daß Salzburg heute gut zehn Prozent mehr Strom erzeugt, als es verbraucht, und damit Geld verdient.

## OTTO-REICHERT-WEG 50

***Mit 90 und mehr Jahren immer noch arbeitsfähig***

*Anfahrt nach Badgastein/Stubnerkogelbahn (Info Tel. 06434/232212).*
*Start Bergstation Stubnerkogel 2228 m, Ziel Miesbichlscharte 2238 m, tiefster Punkt 2163 m, höchster Punkt 2461 m.*
*Insgesamt 8 km, 400 Höhenmeter Anstieg, 3,5 Stunden Gehzeit.*

Die Gondelbahn erspart uns 1100 Höhenmeter Anstieg auf den Stubnerkogel, trotzdem sollten wir uns möglichst früh auf den Weg machen, damit nicht der gegen Mittag aufsteigende Dunst die grandiose Rundsicht trübt.
Ab der Bergstation folgen wir südwestwärts dem Otto-Reichert-Weg (Nr. 132) leicht bergab in die Zitterauer Scharte, dem tiefsten Punkt unserer Höhenwanderung. Nach knapp 100 Höhenmetern Anstieg wählen wir an der Gabelung den linken Weg (Nr. 111), der über den Grat zum Zitterauer Tisch und jenseits wieder hinunter in die Ortbergscharte und zum Otto-Reichert-Weg führt.
Wer sich nicht die auf diesem Abschnitt erforderliche Trittsicherheit zutraut, wandert ab der Weggabel eben auf dem Reichert-Weg an der Westseite des Zitterauer Tisches weiter und spart damit auch 200 Höhenmeter Anstieg.

Fortan queren wir an der Nordwestflanke des Ortbergs in die Miesbichlscharte, vor der wir auf den Rupertiweg (Nr. 128) treffen. Auf dem Rückweg halten wir uns an die Markierung 132 und lassen den Zitterauer Tisch rechts liegen.
Auf der Talfahrt mit der Gondelbahn lassen wir uns vom Salzburger Topographen Lorenz Hübner in das Jahr 1796 zurückversetzen: „In der Gastein sind die Ehen größtentheils sehr fruchtbar. Da die Luft gesund und der Körper durch Arbeit abgehärtet ist, so erreichen die meisten ein hohes und kräftiges Alter, so daß sie noch mit 90 und mehreren Jahren ihrer Arbeit vorstehen können. Die Kost ist Mittags und Abends bis zum Ekel mit Schmalz bestellt." Nicht viel anders stand es offenbar 1833, denn Adolph von Schaden schrieb in sein „Taschenbuch für Reisende durch Salzburgs romantische Gefilde": „Die Viehzucht gehört unter des Gasteiners vorzüglichste Erwerbszweige, der Viehstand begriff 2665 schlecht genährter Kühe mit einigen tausend Stücken Schafen und Ziegen in sich. Schweine sind selten und einiges Geflügel findet man höchstens in Steigen im Straubingerschen Gasthofe, denn im Freien, selbst in den Höfen der Häuser, würde jedes Geflügel sofort von den Geiern entführt."

## VARIANTE BOCKHARTSCHARTE 51

***Im Angesicht von Gletschern und Gipfeln der Tauern***

*Der durchaus moderate Otto-Reichert-Weg zehrt die Kondition keineswegs aus, weshalb eine Zugabe bis zur Bockhartscharte erwägenswert ist.*
*Das kostet zusätzlich noch 400 Höhenmeter Anstieg, 6 km Distanz und 2,5 Stunden Gehzeit. Somit käme die Höhenwanderung Stubnerkogel-Bockhartscharte und zurück auf insgesamt 14 km, 800 Höhenmeter Anstieg (600 ohne Zitterauer Tisch) und 6 Stunden Gehzeit.*

Von der Miesbichlscharte folgen wir dem Zimburgweg, der knapp südlich der Scharte nach Westen abzweigt und leicht fallend, aber hoch über dem Unteren Bockhartsee die Südflanke des Silberpfennigs in einen aufgelassenen Goldbergbau quert. Es folgen nochmals 200 Höhenmeter Anstieg auf die Bockhartscharte. Von hier wären nur mehr 200 Höhenmeter südwärts zu überwinden (also eine halbe Stunde Anstieg) auf den Seekopf (2413 m), einen großartigen Ausguck auf die Gletscher und Gipfel des Tauernhauptkamms.

## TAUERNHÖHENWEG I 52

***Klassischer Höhenweg durch grandiose Landschaft***

*Anfahrt zum Bahnhof Böckstein (Info Tel. 04785/8110) und Schleuse nach Mallnitz, Rückfahrt von Sportgastein nach Böckstein (Info Tel. 06434/25310).*
*Start und zugleich höchster Punkt Bergstation Ankogelbahn 2630 m, Zwischenziel Hagener Hütte 2448 m.*
*Insgesamt 13 km, 200 Höhenmeter Anstieg, 600 Höhenmeter Abstieg, 5 Stunden Gehzeit, Trittsicherheit und Schwindelfreiheit unerläßlich, erst im Spätsommer empfehlenswert, wenn kleine Firnfelder in steileren Passagen abgeschmolzen sind.*
*Der Abstieg von der Hagener Hütte nach Sportgastein verlängert diese Tour um 5 auf 18 km, um 800 auf 1450 Höhenmeter Abstieg und um 2,5 auf 7,5 Stunden Gehzeit.*

Diese trotz geringer Anstiegshöhen konditionell anspruchsvolle Tour beginnt auf dem Parkplatz beim Bahnhof Böckstein. Wir nehmen den meist halbstündig verkehrenden Autozug durch den Tunnel nach Mallnitz, steigen um in den Bus (Info Tel. 04785/8110) zur kurzen Fahrt in das Seebachtal und schweben mit der Seilbahn 1350 Höhenmeter hinauf zur Schnittstelle des Goslarer Weges mit dem Göttinger Weg knapp unterhalb des Hannoverhauses.
Hier beginnt unsere Höhenwanderung westwärts zur Hagener Hütte auf einem der klassischen Höhenwege: grandiose hochalpine Landschaft und beispielhafte Anlage des Weges in gleichbleibender und daher kraftschonender Höhe. Genau darauf kommt es uns beim Höhenwandern aber an. Dem Staatsbeamten Benedikt Pillwein stand 1839 der Sinn nicht nach Höhenwandern in den Tauern. In seiner Beschrei-

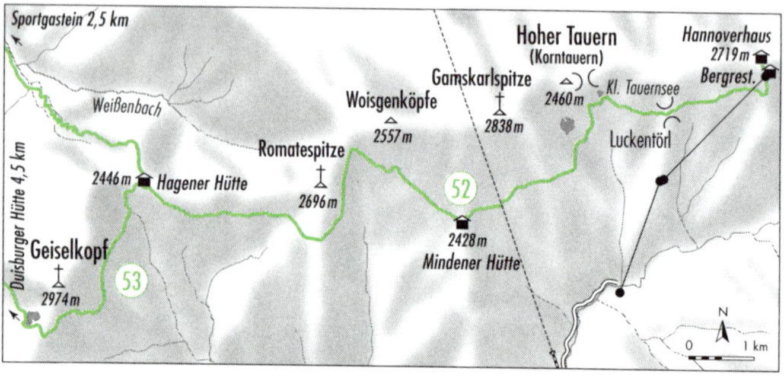


bung des Herzogtums Salzburg streicht er nämlich besonders heraus: „Die Tauernkette ist eine fürchterlich hohe Mauer, welche die schwer beladenen Wolken nicht leicht zu übersteigen vermögen und die nördliche Gegend zuweilen mit Regen ersäufen, welchen die ausgedörrte südliche höchst nötig bedürfte. Daher kommt es auch, daß es hier so häufig regnet. Im Frühjahre, wenn es aufthaut, ist das Gehen und Fahren eine Zeitlang der Schneelavinen wegen höchst gefährlich. Das Knallen mit der Peitsche, ein hüpfender Vogel, ein fallendes Schneeklümpchen, die geringste Bewegung ist im Stande, den Schnee in Bewegung zu setzen. Er wird zu einer Kugel, vergrößert sich mit jeder Umwälzung und stürzet mit augenblicklicher Geschwindigkeit, mit schrecklichem Getöse herab."

Wir starten mit einem Abstieg. Vorerst weist uns der mit 02 markierte Tauernhöhenweg westwärts bergab durch eine weite Grasmulde, ehe beim Luckentörl mehr Geröll und Geschröf zum Vorschein kommt. Beim Kleintauernsee im Becken unterhalb des unter Schmugglern einst sehr beliebten Korntauern unterschreiten wir für ein Weilchen die Höhenschicht von 2300 Metern, ehe wir über einen schrofigen Ausläufer der Gamskarlspitze ein kurzes Steilstück passieren.

Jenseits der Mindener Hütte (nicht bewirtschaftet!) zieht unser Höhenweg durch ein halbes Dutzend Hangfalten, die Bäche aus der unwirtlichen Südflanke der Woiskenköpfe herausgewaschen haben. An der Woiskenscharte biegen wir scharf nach Süden und queren die zunehmend steile und schrofige Ostflanke des Romatespitz. Hier braucht es Trittsicherheit, Schwindelfreiheit und schneefreies Gelände (Information Hannoverhaus, Tel. 0663/840852). Allenfalls kehrt man bei der Mindener Hütte wieder um. An der Südseite des Romatespitz wechseln wir von steinigem Gelände wieder in freundliche Hochmähder. Nun steigen wir nochmals 100 Höhenmeter auf bis an die 2300-Meter-Linie und queren am Nordrand des eindrucksvollen Mallnitzer Tauerntalkessels fast unmerklich bergan zur Hagener Hütte auf dem Niederen oder Mallnitzer Tauern.

Hier fällt die Entscheidung über vier mögliche Varianten. Die schönste ist die Nächtigung auf der Hütte, die anspruchsvollste wäre nach der Übernachtung der Weiterweg zur Duisburger Hütte unterm Wurtenkees, die dritte und vierte (ohne oder mit Nächtigung) ein Abstieg nach Mallnitz bzw. nach Sportgastein. Dorthin schwebt leider keine Seilbahn, weshalb wir es zu Fuß schaffen müssen. Die 800 Höhenmeter hinunter durch das Eselskar bis zum Brückerl über den Höllkarbach fallen dann erheblich leichter als die letzten 2,5 Kilometer durch das Naßfeld hinaus zur Bushaltestelle in Sportgastein.

Allerdings begleitet uns auch hier die Kulturgeschichte. Über den Mallnitzer Tauern hatten nämlich die Römer eine schmale Straße gebaut, deren spärliche Reste Professor Andreas Lippert 1989 bis 1992 mit geradezu kriminalistischer Akribie freilegte und zu einem Lehrweg (besonders eindrucksvoll im Eselskar) von der Jamnigalm in Kärnten nach Sportgastein in Salzburg ausgestaltete.

Diesem Weg folgten auch Kärntner Bauern mit ihren Viehherden, wie es Franz Michael Vierthaler auf seinen „Wanderungen durch Salzburg“ (1816) erlebte: „Erst gegen Ende des Junius decken die brennenden Sonnenstrahlen nach und nach immer mehr Matten und Weideplätze auf. Nun erst fahren die Gasteiner durch den Graben (Naßfeldtal) und die Kärnthner über den Mallnizer Tauern und lagern sich mit ihren Herden über das ganze Thal. Ungefähr

200 Pferde, 700 Rinder und 4000 Schafe, Ziegen, Böcke und Schweine weiden bis zur hohen Schneelinie hinauf. So weit das Auge reicht, erblickt man nicht einen einzigen Baum, nicht einmal die Höhen liebenden Zirben."

## TAUERNHÖHENWEG II 53

***Eine Probe für gute Logistik in den Bergen***

Nach der Übernachtung auf der Hagener Hütte ist die Fortsetzung des Tauernhöhenweges (durchgängige Markierung Nr. 102 bzw. 02) westwärts zur Duisburger Hütte überaus lohnend, wenngleich organisatorisch etwas aufwendig. Der große Vorteil dieser Variante liegt auf der Hand: Man spart sich durch die Nächtigung auf der Hagener Hütte 2,5 Stunden Abstieg über 800 Höhenmeter nach Sportgastein und investiert diesen Gewinn in eine Höhenwanderung durch eine grandiose hochalpine Landschaft.

Möglicher Nachteil: Die Rückkehr nach Mallnitz, wo wir mit der Ankogelbahn gestartet sind. Zeitgerecht stellt man deshalb fest, ob und zu welchen Zeiten die Stollenbahn (Info Tel. 04785/8110) von der Mittelstation unterhalb der Duisburger Hütte hinunter nach Innerfragant verkehrt; mit welchem Verkehrsmittel man von Innerfragant nach Außerfragant/Flattach (7 km) und von dort weiter nach Obervellach (7 km) kommt (Info Tel. 04785/615) und wie man schließlich den neun Kilometer langen Transport von Obervellach zum Bahnhof Mallnitz (Durchfahrt nach Böckstein) bewältigt (Info Tel. 04785/8110).

Läßt sich diese Gleichung mit vier Unbekannten so lösen, daß die Talfahrt bei der Mittelstation zwischen 13 und 14.30 Uhr beginnen kann, dann sollten einem hochalpinen Erlebnis nicht einmal die Kosten im Wege stehen.

Diese Wanderung beginnt bei der Hagener Hütte auf Höhe 2431 Meter, erreicht nach kurzem und scharfem Anstieg über 300 Höhenmeter beim Weissgerber-Biwak auf der Feldseescharte mit 2714 Metern den höchsten Punkt, geht an der Duisburger Hütte 2573 Meter vorbei und endet bei der Mittelstation auf Höhe 2234 Meter. Insgesamt macht

das zehn Kilometer, 500 Höhenmeter Anstieg, 650 Höhenmeter Abstieg und 4,5 Stunden Gehzeit.
Dieser Höhenweg stellt zwar alpinistisch keine besonderen Anforderungen, kann aber noch im Frühsommer zumal im Bereich des Weißgerber-Biwaks über Firnfelder führen, deren Querung Umsicht, Erfahrung und Trittsicherheit erfordert. Bedingung für diese Wanderung ist stabiles Schönwetter. Falls eine halbe Stunde Zeitreserve besteht, lohnt der kurze Abstecher über 150 Höhenmeter von der Feldseescharte auf den Feldseekopf.
Wer die Anstiege im Verlauf dieser Höhenwanderung ohne Anflüge von Atemnot bewältigt, ist offenkundig ausreichend konditioniert und den physiologischen Anforderungen dieser Höhenlage gewachsen.

## ALTER „ZELLER WEG" 54

***Der Gletscherschwund bietet auch Vorteile***

*Anfahrt über Zell am See zur Glocknerstraße bis zum Fuscher Törl.*
*Start 2440 m, tiefster Punkt 2350 m, höchster Punkt 2746 m, Ziel Glocknerhaus 2656 m.*
*Insgesamt 9 km, 400 Höhenmeter Anstieg, 4 Stunden Gehzeit.*
*Alpine Erfahrung nötig.*

Der „Zeller Weg" war vor allem beim Bau der Großglockner Hochalpenstraße (1930 bis 1935) die kürzeste Verbindung vom Fuscher Törl über die Pfandlscharte zu den Baustellen an der Südrampe und daher sehr viel begangen. Mittlerweile ist dieser Pfad durch eine prachtvolle hochalpine Landschaft verwaist. Die Markierung entlang dem ausreichend erkennbaren Weglein ist stark verblichen. Der alpin Erfahrene kommt aber durchaus zurecht.
Als Vorteil für diese Wanderung erweist sich der Gletscherschwund. Das Brennkogelkees betritt man gar nicht mehr, das Eislager am Nordhang des Kloben ist verschwunden und den Rest des Spielmannkeeses bedeckt Schotter nahezu völlig. Gleichwohl ist am Nordhang des Kloben Vorsicht geboten, solange dort – meist bis in den Juli hinein – noch Sommerfirn

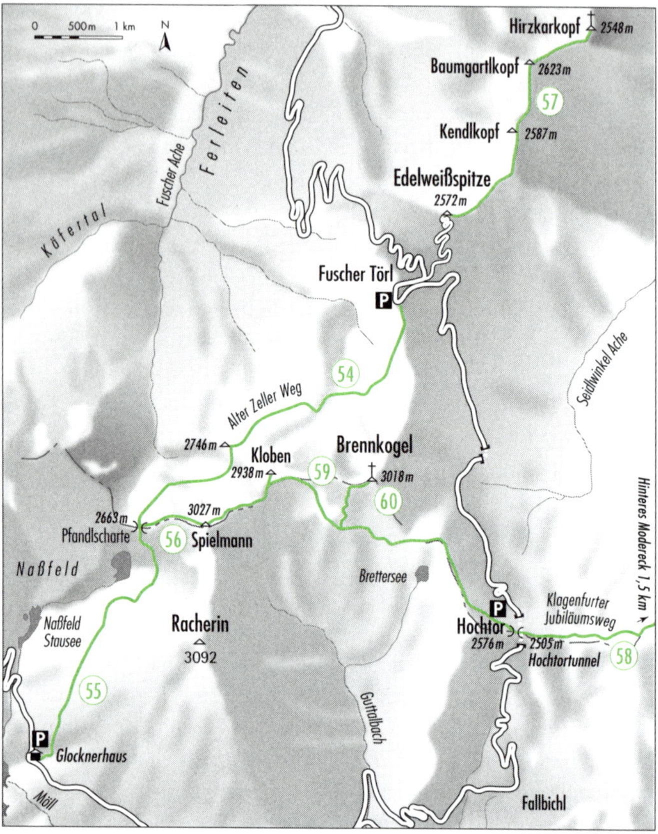


lagert. Morgens ist er nämlich verharscht und untertags seifig-schmierig.

Unsere Wanderung beginnt auf dem Fuscher Törl und folgt anfangs dem Weg, den die vielen Freunde der Klobenskitour alljährlich im Mai einschlagen. Wir zweigen beim Parkplatz nach der scharfen Linkskurve südlich des Törlkopfs nach rechts (südwärts) auf den Steig ab, folgen ihm hinunter zu einem Schartl im Nordgrat des Brennkogels und halten uns nochmals rechts hinunter durch etwas Geröll, ehe der Weg nahezu eben Richtung Brennkogelkees führt.

Je nach den variablen Verhältnissen schneiden wir noch die harmlosen Reste der verschotterten Gletscherzunge an (oder umgehen sie rechts) und steuern auf eine auffällige Felsnase im Nordostkamm des Kloben zu. Vor dieser Nase zieht der „Zeller Weg" nach rechts (westwärts) auf diesen breiten Kamm hinauf, durchschneidet sanft ansteigend erst die Nordwestflanke, dann an einem kleinen Buckel (Höhe 2746 m) den Nordwestgrat des Kloben, und führt in die breite Bucht des stark schwindenden Spielmannkeeses. Durch diesen Kessel wedeln im späteren Frühjahr die Klobengeher massenhaft herunter. Nach einer Bodenkante an der Nordwestseite des Spielmanns erreichen wir das Ziel, die Untere Pfandlscharte.
Der Rückweg folgt dem Hinweg.

## GLOCKNERHAUS 2656 m 55

***Über die Pfandlscharte von Salzburg nach Kärnten***

*Die Wanderung vom Fuscher Törl über die Pfandlscharte zum Glocknerhaus bedarf der Rückkehr mit dem Glocknerbus (Info Tel. 04824/2516 oder 06546/6660).*
*Start auf dem Fuscher Törl 2440 m, tiefster Punkt beim Brennkogelkees 2350 m, höchster Punkt 2746 m, Ziel Glocknerhaus 2656 m.*
*Insgesamt 9 km, 400 Höhenmeter Anstieg, 4 Stunden Gehzeit.*
*Alpine Erfahrung nötig.*

Der Weg vom Fuscher Törl zur Pfandlscharte folgt der Route Nr. 54. Ab der Pfandlscharte wandern wir auf dem sehr gut markierten Weg Nr. 702 südwärts über ein Geröllfeld in die große Mulde mit dem kaum noch erkennbaren Pfandlschartenkees, in einem Rechtsbogen leicht ansteigend hinauf auf die Wiesen der Trögeralm und gemächlich über weiche Matten hinunter zum Glocknerhaus.

## SPIELMANN 3027 m 56

***Unauffälliger Dreitausender gegenüber dem Glockner***

Dieser lohnende Abstecher kann in die beiden eben behandelten Wanderungen eingebaut werden, erfordert aller-

*Das Gipfelkreuz des Spielmanns (SLT).*

dings Trittsicherheit. Von der Pfandlscharte veranschlagt man für je 400 Höhenmeter Anstieg und Rückkehr 1,5 Stunden Gehzeit. Der gute Steig (Markierung Nr. 702) von der Pfandlscharte ostwärts folgt dem Westgrat und führt im obersten Teil durch schrofiges Gelände. Diese Variante eignet sich sehr gut als Test, wie es mit der Höhentauglichkeit (Atemnot, langsamerer Schritt) bestellt ist.
Vom Spielmann ist auch der gut zweistündige Abstieg über den etwas luftigen Ostgrat in das Klobenschartl und der Weiterweg zum Hochtor möglich (dazu Route Nr. 59).

## HIRZKARKOPF 2548 m 57

***Konditionell schonend, optisch herrlich***

*Anfahrt Zell am See, Fuscher Törl, Edelweißspitze.*
*Start Edelweißspitze 2577 m, Ziel Hirzkarkopf 2548 m, höchster Punkt Baumgartlkopf 2623 m, tiefster Punkt 2485 m.*
*Insgesamt 6 km, 500 Höhenmeter Anstieg, 3 Stunden Gehzeit.*

Dieser sanfte grasige Kamm nördlich der Edelweißspitze ist das krasse Gegenteil des felsigen Geländes der Keesberge ringsum. Zudem ist man nach

20 Gehminuten dem Geräuschpegel der Glocknerstraße entrückt – die Piffkarschneid fängt allen Motorlärm ab.
Und wer sich spätestens um acht Uhr morgens auf den Weg macht, der bekommt zur Höhenwanderung auch noch unerwartete alpine Einsamkeit.
Von der Edelweißspitze steigt man auf einem nicht sehr gut markierten, aber anfangs breit aufgedröselten Weg über den Nordostkamm hinunter in eine Senke, in der das große Vergnügen beginnt: Konditionell sehr schonend wandern wir auf dem breiten Rücken nordwärts leicht ansteigend hinauf auf den Kendlkopf, hinunter in einen Sattel, nochmals hinauf auf den Baumgartlkopf und nordostwärts hinüber zum Hirzkarkopf.
Die Rückkehr folgt dem Hinweg.
Als Draufgabe lohnend wäre noch der Durcheckkopf: in gleichartigem Gelände ab dem Hirzkarkopf durch zwei Senken und über den etwas schrofigen Mäuskarkopf insgesamt noch 350 Höhenmeter Anstieg, vier Kilometer Distanz und zwei Gehstunden.

## KLAGENFURTER JUBILÄUMSWEG 58

***Unvergleichlicher Spaziergang auf dem Alpenhauptkamm***

*Anfahrt über Zell am See und Glocknerstraße zum Hochtor. Start und tiefster Punkt Hochtor Nordportal 2505 m, Ziel und höchster Punkt Hinteres Modereck 2932 m.*
*Insgesamt 8 km, 550 Höhenmeter Anstieg, 3,5 Stunden Gehzeit.*

Dieser Klagenfurter Jubiläumsweg deckt sich mit dem Tauernhöhenweg und der Markierung 02 bzw. 102 und bietet einen Augenschmaus nach dem anderen.
Wir wandern nämlich beständig auf dem Alpenhauptkamm mit prächtiger Sicht vom Großglockner bis zum Rauriser Sonnblick sowie auf die nördlichen Kalkalpen – und das alles als Ausflug ohne besondere konditionelle Anforderung.
Der Anfang ab dem Hochtor läßt sich mit einer Steilstufe überraschend scharf an, endet aber auf einer schiefen Hochfläche, die sich gegen die Weißenbachscharte hin verjüngt. Nach 50 Höhenmetern

Abstieg gelangen wir auf ein sehr flaches Satteldach, aus dem sich als zunehmend scharfer First das Hintere Modereck herausbildet.
Auf den letzten Metern brauchen wir die Hände, um eine drei Meter hohe Wandstufe zu überwinden. Man kann den Gipfel auch an seiner Südseite über ein Geröllfeld ohne nennenswerten Höhenverlust umgehen und vom Osten her besteigen.
Trittsichere Geher werden kaum der Versuchung widerstehen, noch gut einen Kilometer, gut 100 Höhenmeter und knapp eine halbe Stunde über den jetzt teilweise scharf ausgeprägten Kamm bis zur Noespitze (3005 m) dranzuhängen; oder doppelt so viel bis zum Krumlkeeskopf (3101 m).
Einen langen Blick wäre noch das Weißenbachkees wert, denn für das westliche Eislager zwischen Weißenbachscharte und Modereck könnte es der letzte sein. Der Vergleich mit Landkarten auch jungen Datums zeigt, daß die Kartographie mit dem Tempo des Abschmelzens nicht Schritt hält.
Der Rückweg folgt dem Hinweg.

## KLOBEN 2936 m 59

***Auf den Spuren der Römer und der Goldräuber***

*Anfahrt Glocknerstraße bis zum Hochtor.*
*Ausgangspunkt Hochtor-Südportal 2506 m, Ziel und zugleich höchster Punkt Kloben 2936 m.*
*Insgesamt 8 km, 600 Höhenmeter Anstieg, 3,5 Stunden Gehzeit.*

Vom Parkplatz beim Hochtor steigen wir zuerst 70 Höhenmeter hinauf zum „Hohen Tor" oder „Bluter Tauern"; so hieß vor dem Bau der Glocknerstraße (1930–1935) dieser seit fast 4000 Jahren begangene Paß zwischen Salzburg und Kärnten. Es war der nach Brenner und Katschberg bedeutendste Ostalpen-Übergang.
Davon zeugt bis heute das Kreuz auf der Paßhöhe. Über Jahrhunderte sahen die Säumer darauf, daß dieses christliche Zeichen den Weg beschütze und der Gekreuzigte im Winter wärmende Bekleidung bekäme. Hier heroben stand auch ein kleines Heiligtum für den römischen Helden Herkules, der als eine Art

## DAS KULTURLAND DER ALMEN

*Im Land Salzburg gibt es immer noch 2300 Almen, auf 90 Prozent von ihnen weiden 70.000 Rinder, davon 10.000 Kühe, deren Milch großteils noch auf der Alm gebuttert oder verkäst wird.*

*Unsere Ahnen rangen ab dem 14. Jahrhundert die Almen vorwiegend dem natürlichen Wald ab. Geringe Hektarerträge im Tal mußten durch Kultivierung großer Flächen wettgemacht werden. Diese großartige Kulturleistung der Bauern schuf Platz für Ackerbau und Viehzucht. Aber nur die Viehzucht konnte den Sommer über in Hochlagen ausweichen.*

*Überließe man die Almen sich selbst, dann verwandelten sie sich binnen 60 Jahren bis auf etwa 1800 Meter Höhe wieder in Wald. Die Natur läßt eben Rasen dauerhaft nur jenseits der Waldgrenze zu.*

*Seit jeher erzeugte die Almenwirtschaft zwei dauerhafte Lebensmittel, die nicht der Kühltruhe bedürfen: Käse und Butterschmalz. Rechnet man noch hinzu, daß sich der Bauer selbst mit Mehl, Bohnen, Sauerkraut und luftgetrocknetem oder geselchtem Fleisch versorgte, dann kann man sich die einseitige, fette Kost vom Spätherbst bis in den Mai vorstellen.*

*Die Lage der Almen erteilt Aufschluß über die Natur und die daran bemessene Wirtschaftsweise. Ende Mai beginnt der Almauftrieb, der vorerst bei der unteren Alm endet, im Pongau Heimalm genannt, gelegentlich auch Grundalm wie im Pinzgau. Sprießt das Gras endlich auch höher droben üppig, dann ziehen Vieh und Senner(innen) um durchschnittlich 300 Höhenmeter hinauf zur Hochalm (in Tirol Hochleger).*

*Um den Monatswechsel August/September wird das Grünfutter karger, die Tage werden kürzer und die Nächte kühler. Dann ziehen sich Mensch und Tier wieder für etwa drei Wochen auf die Heimalm zurück.*

*Sollte vorzeitig Schnee fallen, so ist von dort der Rückzug ins Tal kürzer. Und je länger das Vieh auf den Almböden weiden kann, desto länger hält das im Tal geerntete Heu vor.*

*Die Almwirtschaft folgt somit den Vegetationsperioden, die je 100 Höhenmeter um eine Woche schrumpfen – bis zu den „ewigen Wiesen“ ab annähernd 1900 Meter Höhe.*

„Paßheiliger" verehrt wurde. 1500 Jahre nach dem Zusammenbruch des Römischen Reiches pickelten Arbeiter beim Anschnitt des Hochtortunnels Reste dieses Heiligtums aus dem festen Hangschutt: eine Statuette des Herkules und Scherben einer Tonlampe.
Wir folgen nun dem Tauernhöhenweg (Nr. 2 bzw. 702) westwärts ein Stück bergan, dann über die Geröllhalde des Margarötzenkopfes auf den Kamm, 60 Höhenmeter hinunter in die Bretterscharte oberhalb des einsamen Brettersees und zuletzt etwas stärker ansteigend durch den breiten Brennkogelkessel in ein schrofiges Schartl. Hier öffnet sich die breite und flache Mulde, die einst völlig unter dem Guttalkees lag; heute merkt man davon allenfalls noch das Firnfeld, das seinen langen Bestand dem von Schutt bedeckten Eis und seiner Kälte verdankt. Wir steuern geradewegs auf den schottrigen Kloben zu, an dessen Hangfuß noch die Überreste einer Knappenstube aus der Zeit des Goldbergbaus vor sich hin verfallen. Für die rund 60 Höhenmeter hinauf zum Gipfel des Klobens benötigen wir weder Weg noch Markierung; es leiten uns unübersehbare Steigspuren von Skifahrern, die im Frühjahr massenhaft vom Fuscher Törl hierher marschieren und den meist aperen Südhang des Klobens zu Fuß überwinden müssen, ehe sie westwärts hinunter in die Pfandlscharte und weiter nach Ferleiten abfahren – bei Firn eine Orgie über 1600 Höhenmeter.
Rückkehr wie Hinweg.

## BRENNKOGEL 3018 m 60

***Hervorragender Ausguck über der Glocknerstraße***

*Bedingungen wie Kloben, aber Zuwachs von 2 auf 8 km, von 200 auf 800 Höhenmeter und von einer auf 4,5 Stunden Gehzeit.*

Falls die Höhe keine Beklemmung verursacht, lohnt beim Rückweg ein Abstecher von insgesamt 200 Höhenmetern und 50 Minuten Anstieg auf den Brennkogel: Vor dem schrofigen Schartl am Westrand des Brennkogelkessels steigen wir auf plattigem, aber griffigem Felsen nordwärts auf einen namenlosen Felskopf, von diesem 40 Höhenmeter ostwärts über Geröll in ein Schartl neben einem Firnseelein und auf einem deutlich erkennbaren Pfad nochmals 70 Höhenmeter auf den Brennkogel, einen hervorragenden Ausguck. Nach der Rückkehr zum Schartl neben dem winzigen See steigt man weglos in der Fallinie südwärts ab, bis man den markierten Weg zurück zum Hochtor erreicht.

## VARIANTE GLOCKNERHAUS 61

***Vom Hochtor über den Spielmann zum Glocknerhaus***

*Bedingungen wie Kloben, aber Zuwachs um 150 auf 750 Höhenmeter Anstieg und eine halbe auf 4 Stunden Gehzeit.*

Von der Klobenscharte (2868 m) südlich des Klobens führt der gut angelegte Tauernhöhenweg (Markierung 02 bzw. 702) über den Nordostgrat 150 Höhenmeter auf den eher unscheinbaren Spielmann (3027 m).
Der Grat erfordert Trittsicherheit und Schwindelfreiheit, denn er ist schmal und fällt nordwärts steil zum Spielmannkees ab.
Vom Gipfel folgt man dem Tauernhöhenweg über den Westgrat hinunter in die Pfandlscharte und von dort südwärts hinunter zum Glocknerhaus.
Diese Variante erlaubt auch den Abstieg vom Kloben weglos entlang dem Nordwestgrat, bis man nach knapp 200 Höhenmetern bei dem Buckel im Grat (Höhe 2746 m) auf den alten Zellerweg stößt. Diesem folgt man wie Route 55 durch die Pfandlscharte und südwärts hinunter zum Glocknerhaus.
Kürzer wäre der Abstieg vom Kloben südwestwärts in das Klobenschartl und nach rechts (Westen) über das schrumpfende Spielmannkees, soferne es eine von Geröll durchsetzte Firnauflage hat.
Nach etwa 130 Höhenmetern verflacht dieser Gletscher; hier kreuzt vom deutlichen Buckel im Klobenkamm der „Zeller Weg" von Norden herein; wir folgen dem unsichtbaren Weg südwestwärts, indem wir uns möglichst an die 2700-Meter-Schichtlinie halten, auf der wir genau in die Pfandlscharte treffen.

## LIMBERGBODEN 62

***Erstaunliche Stille neben einer Kraftwerksstraße***

*Anfahrt nach Kaprun/Kesselfall-Alpenhaus.*
*Starthöhe und zugleich tiefster Punkt 1640 m, Ziel und höchster Punkt Moosersperre 2040 m.*
*Insgesamt 10 km, 400 Höhenmeter Anstieg, 3,5 Stunden Gehzeit. Trittsicherheit und Schwindelfreiheit erforderlich.*

Man nimmt nicht an, daß man bei den Staubecken des Tauernkraftwerks in Kaprun großartige Natur und eindrucksvolle Technik in erstaunlicher Stille erleben kann. Immerhin besuchen im Sommer rund 150.000 Menschen die Kraftwerksspeicher. Des Rätsels Lösung: Der Tourismus rollt in Bussen auf der Kraftwerksstraße; und am Ziel wandern die Massen allenfalls noch knapp einen Kilometer über die Kronen der beiden Talsperren und zurück.
Unsere Höhenwanderung beginnt beim Hotel Kesselfall-Alpenhaus mit der Busfahrt durch einen kurvenreichen Stollen. Das erlaubte einst erst den sicheren Zugang durch einen extrem lawinengefährdeten Graben zu den Höhenbaustellen, in denen zwischen 1939 und 1955 bis zu 4400 Menschen dieses Großkraftwerk angelegt haben.
Nach knapp einem Kilometer endet die Fahrt auf einer engen Plattform, auf der die Busfahrer achtunggebietende Wendemanöver vollführen.
Hier steigen wir auf einen Schrägaufzug um, der einst nahezu alles Baumaterial 400 Höhenmeter hinauf zum Wendeplatz unter der Lärchwand zog. Dort warten wir geduldig ab, bis die Passagiere bergwärts mit den Bussen und talwärts mit dem Schrägaufzug entschwunden sind, damit wir eine beispiellose Wanderung in Angriff nehmen können.
Die Tauernkraftwerke legten nämlich parallel zu einem zwei Kilometer langen und nur dreimal kurz unterbrochenen Tunnel hoch über dem Limbergspeicher einen gesicherten Weg an, der allerdings nur auf eigene Gefahr benützt wird.
Wenn ab Spätsommer der wieder gefüllte Stausee keine Schmutzkrägen mehr an seinen Ufern aufweist, bietet dieser Bergsee vor der Kulisse von Wiesbachhorn, Klockerin und

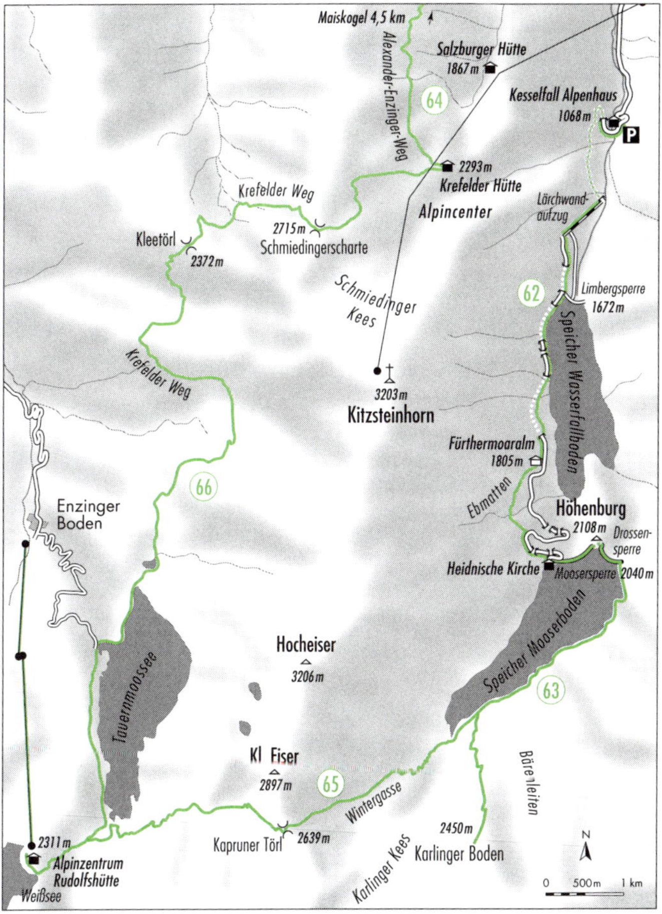


Bärenkopfkees einen grandiosen Anblick. Beim Wandern taleinwärts lohnt ein scharfer Blick auf die Höhenburg, einen auffallenden Kegel zwischen den beiden Sperren des Mooserbodenspeichers. Man erkennt am steilen Westhang dieses kleinen Berges deutlich einen Weg, der auffallend gleichmäßig von Zick nach Zack ansteigt und sich erst knapp unter der Moosersperre im Gelände verliert.

Das sind die Reste des 1897 angelegten Fahrweges, der

vom gerade erst gebauten Alpenhaus Kesselfall mit 25 Prozent Steigung zum Mooserboden führte. Dieser Weg eröffnete hochwohlgeborenen Herrschaften eine neue Dimension nobler Sommerfrische: Einmal 1899 durch den Bau eines hölzernen Hotels auf dem Mooserboden, in dem man um 30 Prozent teurer logierte als im besten Hotel der Stadt Salzburg; und dann durch die Auffahrt mit den auf der Schmittenhöhe längst bewährten „Sesselwagerln" (= zweirädrigen Einspännern) von Zell am See auf den Mooserboden – zum Preis von 2400 Schilling (Geldwert 2000).
Angemessene Erholung von diesen Strapazen erlaubten drei Zwischenstationen auf dem Wasserfallboden, der seit 1949 unter Wasser steht. Da standen das noble „Café-Restaurant Limberg Alpe", ein eher rustikales Wirtshäuschen, und die erste Berghütte des Alpenvereins, erbaut 1864 und benannt nach seinem Sponsor Erzherzog Rainer.
Das unterstreicht die Bedeutung des Kapruner Tales für den frühen Fremdenverkehr: Es ist das weitaus kürzeste aller Tauerntäler und endet in einem Amphitheater von einem Dutzend Gipfeln jenseits der Höhe von 3200 Metern.
Mittlerweile kreuzt unser Wanderweg die Werksstraße, die vor dem weiten Kessel der grünen Ebmatten den Tunnel verläßt und gleich bei der Haltestelle Fürthermoar innehält. Dort überqueren wir die Straße und wandern an der Alm des Fürthermoar vorbei und auf einem Almweg in weitem Bogen zuletzt etwas schärfer bergan bis zur Einmündung des markierten Weges Nr. 726, auf dem wir in ein paar Minuten den touristischen Knoten „Heidnische Kirche" erreichen.
Der eher abrupte Übergang zum touristischen Betrieb regt dazu an, südwestwärts auf dem markierten Steig Nr. 716 etliche Dutzend Höhenmeter über den Sedlgrat zu einem stillen Rastplatz im Gras aufzusteigen und die technische Leistung der Mooser-, der Drossen- und einen Stock tiefer der Limbergsperre zu würdigen.
Dieser Anblick macht auch das Prinzip von Speicherkraftwerken klar: Sie springen nur bei erhöhtem Strombedarf an, also im Winter, wenn Indu-

strie, Küchenherde und Beleuchtung zugleich Strom verbrauchen. Wenn nachts der Bedarf so weit abfällt, daß schon die Laufkraftwerke (an Flüssen oder kalorisch betriebene) zu viel Strom erzeugen, dann wird mit diesem Überschuß Wasser wieder in die Speicher zurückgepumpt; also „angespart" für die Zeit des abermals steigenden Verbrauchs. Dieses Wechselspiel funktioniert naturgemäß ideal, wenn zwei Staubecken übereinander angeordnet sind.
Beim Rückweg zum Schrägaufzug kreisen zwangsläufig die Gedanken um eine naheliegende Frage: In welches vernünftige Verhältnis könnten unantastbare Natur, Umgang mit erneuerbaren Ressourcen und Energieverbrauch gebracht werden, damit das nicht in Plünderung des Globus ausartet.

## MOOSERBODEN 63

***Von der „Heidnischen Kirche" zum Karlingerkees***

*Anfahrt über Kaprun/Alpenhaus-Kesselfall.*
*Start „Heidnische Kirche" 2040 m, Ziel je nach Variante zwischen 2060 und 2450 m. Insgesamt zwischen 8 und 10 km, 50 und 450 Höhenmeter Anstieg sowie 3 und 5 Stunden Gehzeit.*

Für diese Höhenwanderung wählen wir möglichst früh die Auffahrt (Info Tel. 06547/86430) vom Kesselfall zur „Heidnischen Kirche", bei der das Morgenlüfterl überraschend frisch sein kann. Angeblich feierten einst in dieser Einschicht die verfolgten Pinzgauer Protestanten ihre Gottesdienste. 1733 wurden sie und noch rund 22.000 ihrer Glaubensgenossen aus Salzburg vertrieben. Die Folgen dieser Tragödie wertete der Reiseschriftsteller Adolph von Schaden als bedauerlich. Denn es „wanderte aus Tyrol, Schwaben u. a. Ländern demoralisiertes und unstetes Gesindel ein und die älteren Eingebornen unterscheiden sich von demselben auffallend genug durch eine hohe Stirn, durch ernste, sprechende Gesichtszüge und gebogene Nasen."
Zuerst wandern wir über die Moosersperre (107 Meter hoch, 494 Meter Kronenlänge, 665.000 Kubikmeter Kubatur),

*Bis 1939 dehnte sich im Kapruner Tal hinter diesem Hotel der Mooserboden hin bis zum mittlerweile schon stark geschrumpften Karlingerkees (SMCA).*

die sich an die Höhenburg ziemlich genau dort spreizt, wo einst das Hotel Mooserboden stand. Jenseits der folgenden Drossensperre (112 Meter hoch, 357 Meter Kronenlänge, 335.000 Kubikmeter Kubatur) verdient ein bemerkenswertes Kapitel aus der Technik-Geschichte Aufmerksamkeit.

In den 20er Jahren hatten die Techniker auf den Spuren der Alpinisten und Touristen im Kapruner Tal das gewaltige Gefälle auf ungemein kurzer Strecke entdeckt. Hier sollte ein beispielloses Kraftwerk entstehen. Man wollte auf rund 2100 Meter Höhe alles Wasser der Hohen Tauern in einem 1200 Kilometer langen System von Hangkanälen wie in Dachrinnen sammeln und dem Kraftwerk Kaprun zuleiten, das jährlich an die 6,6 Milliarden Kilowattstunden Strom produzieren würde – die dreifache Menge des damaligen Stromverbrauchs in Österreich. Das Gelächter einiger österreichischer Fachleute über diese „Schnapsidee" bewog die Projektanten, am östlichen Ende der Drosselsperre einen rund einen Kilometer langen Probehangkanal nordostwärts bis zum Wielingerbach zu bauen. Das erhoffte Aha-Erlebnis verkam nach jedem größeren Regen zum schmerzhaften Oje-Erlebnis. Trotz raffinierter

Abdeckung verstopfte nämlich Regen diesen Probekanal sehr schnell mit Sand und Schotter. Heute leitet dieser abgedeckte Kanal den Wielingerbach in den Mooserspeicher.
An der gleichen Stelle mündet auch der 11,6 Kilometer lange Möllstollen in den Mooserspeicher. Ein Pumpwerk holt das Gletscherwasser der Pasterze und mehrerer kleiner Gletscher rings um den Großglockner durch den Alpenhauptkamm nordwärts, weil das Wasser aus dem Kapruner Tal nur rund 50 Prozent der Staukapazität zu decken vermöchte.
Hier wenden wir uns nun auf dem „Austriaweg“ (Nr. 717) südwestwärts und wandern in leichtem Auf und Ab dem Speicher entlang, der bei Vollstau 84 Millionen Kubikmeter Wasser enthält. Dieses Hochtal war einst auch Schauplatz einer üblen Geschichte. Übermütige Bauern waren auf der üppigen Mooserbodenalm aus Neid aufeinander in Streit geraten. Zur Strafe ließ Gott die Gletscher immer tiefer ins Tal vorrücken. Dagegen begehrten die Bauern auf und versuchten, die Gletscher wieder bergwärts zurückzudrücken. Deshalb müssen sie bis heute als verwunschene „Keesschieber“ im Winter die Gletscher unter Stöhnen und Ächzen wieder talwärts schieben. Vermutlich erlahmen ihre Kräfte, denn der Temperaturanstieg drängt die Gletscher immer weiter bergwärts zurück.
Diese Sage bietet beispielhaft eine Erklärung für Unerklärliches wie die Ursachen für das Vorrücken der Gletscher. Die Menschen deuteten diesen Vorgang als Strafe Gottes.
Nach drei Vierteln des Weges entlang dem Stausee erreichen wir eine Wegscheide; die Nr. 717 schwenkt nach links bergan, wir ziehen aber die Markierung Nr. 716 vor.
Dieser Weg führt uns erst über eine sandige Ebene und dann zu einem ausgeprägten Riedel. Das war noch vor 60 Jahren die Seitenmoräne des Karlinger Keeses. Dieser Gletscher lag beim letzten Hochstand um 1855 etwa 40 Meter dick auf dem Talboden und reichte sogar noch ein Stückchen nordwestwärts den Eiserhang hinan. Noch 1995 überdeckte dieser Gletscher den 400 Meter hohen und steilen Abbruch südlich von uns, 1998 aber waren die Reste dieses Glet-

schers zerfallen und verschwunden.
Diese kürzere Variante ist aufschlußreich genug, die mühsamere Variante steht dennoch dafür. Wer sich dafür entscheidet, folgt an der Weggabel der Markierung Nr. 717 nach Süden über die Bärenleiten bergan. Anfangs begleiten uns die Seitenmoränen zweier verschwundener Gletscher; links die des Schwarzköpflkeeses und rechts jene des Karlingerkeeses. Wegen dieses zerklüfteten Eisfeldes, das für den Betrachter auf der Mooser-sperre im Süden bis an den Horizont reicht, steigen wir rund 400 Höhenmeter an, bis der Blick auf den flachen Karlingerboden frei wird.
Beide Varianten haben den gleichen Rückweg entlang dem Ostufer des Mooserspeichers zur „Heidnischen Kirche". Dabei lohnt jedoch die Einkehr in die Ausstellung „Eis und Strom" auf der Höhenburg zwischen den beiden Talsperren. Nachdem wir den Anschauungsunterricht in der Praxis schon vorweggenommen haben, liefert uns diese Schau ebenso leicht faßlich wie eindrucksvoll den theoretischen Unterbau dafür.

## ALEXANDER-ENZINGER-WEG 64

***„Wettermacherinnen" zauberten hier 1575 Hagelschlag***

*Zufahrt nach Kaprun/Gletscherbahn Kitzsteinhorn, Abfahrt Talstation der Maiskogelbahn (Info Tel. 06547/8643-0). Start und zugleich höchster Punkt Alpincenter 2452 m, Ziel und zugleich tiefster Punkt Bergstation Maiskogelbahn 1500 m. Insgesamt 8 km vorwiegend im Abstieg über annähernd 1000 Höhenmeter, mehrere kurze Gegenanstiege, gemächliche 2,5 Stunden Gehzeit.*

Diese Höhenwanderung zielt ausnahmsweise weder auf Konditionierung noch auf Härtetest, sondern auf Augenschmaus und Aha-Erlebnisse. Deshalb beginnen wir nach der Auffahrt aus dem Kapruner Tal mit einem kurzen Abstecher auf das Zeferetköpfl neben dem Alpincenter. Unverhofft steht man an der senkrechten Zeferetwand, die aus dem schottrigen Zeferetgraben in den Himmel wächst. Dem genauen Betrachter fällt fast 500 Höhenmeter tiefer drunten eine Stirnmoräne auf,

*Das Kitzsteinhorn, betrachtet von Saalfelden durch ein Teleobjektiv.*

die in einem Halbkreis zwei deutlich erkennbare Seitenmoränen verbindet. Bis zu dieser Stirnmoräne hatte das Schmiedinger Kees beim letzten Gletscherhochstand um 1859 seine Zunge in den Zeferetgraben hinuntergestreckt.
Mittlerweile halbierte der Temperaturanstieg um fast 1,5 Grad die Fläche dieses Gletschers auf rund 1,5 Quadratkilometer und seine Eismasse auf annähernd 60 Millionen Kubikmeter. Solche Veränderungen des Gletschers registrieren die Tauernkraftwerke naturgemäß sehr aufmerksam, weil das Schmiedinger Kees jährlich bis zu 2,5 Millionen Kubikmeter Wasser abschwitzt und den Turbinen in Kaprun als Wasser zuführt. Aber die Änderung des Klimas drosselte zugleich den Schneesegen in den Alpentälern, weshalb „Sommerskigebiete" vom Rang des Kitzsteinhorns plötzlich zu Rettern des touristischen Winters in niedriger gelegenen Skigebieten mutierten.
Jetzt machen wir uns auf den markierten Weg Nr. 726 hinunter zur Krefelder Hütte, die auf eine ungewöhnliche Geschichte zurückblickt.
Die Krefelder Sektion des Alpenvereins (AV) befand nämlich um die Jahrhundertwende, daß der AV kein Gaudiklub, sondern zur Erschließung der Gebirge da sei. Ein attraktives Projekt im Rosengarten schnappte ihnen der Kölner AV weg, und so kamen

die Krefelder auf das Kitzsteinhorn. Die kleine Salzburger Hütte gut 400 Höhenmeter weiter drunten platzte nämlich längst aus allen Nähten und lag noch zu nahe dem Tal. So stand denn die stattliche Krefelder Hütte 1909 schmuck, schick und lawinensicher neben dem etwas abgesetzten Roßkopf fertig da.

Die Freude über einen großartigen Stützpunkt verscheuchte jedoch der Kriegseintritt Italiens gegen Österreich-Ungarn im Mai 1915 über Nacht. Die k. u. k. Armee beschlagnahmte die Hütte, um auf dem nahen Schmiedinger Kees im Spätsommer und im Herbst Gebirgstruppen im Skilauf auszubilden. Auch im Zweiten Weltkrieg bemächtigte sich die Armee dieser Hütte, um Sommerskilauf in Form von Wehrertüchtigungslagern zu betreiben. Schließlich richteten sich 1945 auch noch US-Soldaten wohnlich ein, um sich im Sommer und im Herbst von Österreichern den Skilauf beibringen zu lassen.

Zwei Jahrzehnte später verlor diese Hütte ihre Anziehungskraft für Alpinisten und Skitouristen, weil die neue Gletscherbahn den Bergfreunden einen steilen, lahnigen und meist aperen Anstieg von der Wüstelau erspart.

Vor der Krefelder Hütte wählen wir den Alexander-Enzinger-Weg, benannt nach dem Mann, der die Hütte durch Jahrzehnte betreut, nach dem Krieg saniert und den prachtvollen Panoramaweg nordwärts hinaus zum Maiskogel angelegt hat.

Erst durchqueren wir das Grubalmkar, in dessen Talboden die Salzburger Hütte steht. Wir erreichen auf der Stangenhöhe den markanten grasigen Grat, den bis zum Maiskogel hinaus etliche Höcker unterbrechen. Hier verharren wir für einen längeren Blick zurück auf das Schmiedinger Kees. Wo sich heute an schönen Tagen bis zu 9000 Wedler sportlich vergnügen, tobte einst der leibhaftige Hexensabbat. Da beschwor nämlich 1575 ein Hirte bei einem Hexenprozeß in Mittersill, er habe dort droben „Wettermacherinnen" beobachtet; diese seien auf Besen über die Felsgrate herangeritten, hätten aus dem Gletscher Hagelkörner geschlagen und mit diesen die erntereifen Felder im Tal verwüstet.

In jenen abergläubischen Zeiten kannte die Wissenschaft weder die Herkunft von Hagel und Blitzschlag noch die Ursachen von Tierseuchen und Krankheiten. Also wurde vermeintlichen Hexen und Zauberern durch Folter nahezu jedes beliebige Geständnis abgepreßt. Und so endeten unschuldige Menschen auf dem Scheiterhaufen.
Wir setzen nun den Enzinger-Weg fort und verstehen angesichts der riesigen Lawinenhänge beiderseits unseres Grates, warum vom Kitzsteinhorn keine Skiabfahrt in das Tal führt. Dies ist erst ab der Dreiwallnerhöhe möglich, die allerdings vom Tal her durch Lifte erschlossen wurde.

## KAPRUNER TÖRL
**2639 m** **65**

***Wo Olympiateams und kaiserliche Skitruppen trainierten***

*Anfahrt über Uttendorf zur Seilbahn Enzinger Boden. Start Rudolfshütte 2311 m (Info Tel. 06563/8221), tiefster Punkt am Tauernmoos Stausee 2028 m, höchster Punkt Kapruner Törl 2639 m, Ziel „Heidnische Kirche" an der Mooserbodensperre 2040 m.*
*Insgesamt 12 km, 600 Höhenmeter Anstieg, 5 Stunden Gehzeit.*

Diese bei stabilem Schönwetter durchaus einfache und vergleichsweise kurze Höhenwanderung in einer dramatisch abweisenden hochalpinen Landschaft machen uns technische Hilfen möglich: die Weißsee Gletscherbahn (Info Tel. 06563/9593) und die TKW-Busse zur Mooserbodensperre (Info Tel. 06547/7151-0). Wir nehmen möglichst die erste Gondel vom Enzinger Boden hinauf zum AV-Alpinzentrum Rudolfshütte. Bei der Rundsicht auf die Dreitausenderparade vom Hocheiser im Nordosten über die Hohe Riffel, den Johannisberg, das Eiskögele zur Granatspitze und zum Stubacher Sonnblick im Südwesten streift das Auge auch den Kalser Tauern. Diesen Übergang in das einschichtige Kals wählten die Säumer und Schnapsschmuggler wegen des langen Anmarschweges eher selten, wiewohl das der kürzeste Weg von Zell am See über das Kapruner Törl nach Osttirol war.

*„Am Anfang schuf Gott das Licht" und erst nachher die Pflanzen, Tiere und Menschen.*
*Die Wissenschaft bestätigte diesen Schöpfungsbericht glänzend: Die „grünen Fabriken" der Pfanzen bedürfen der Sonne, weil nur Lichtenergie in den Pflanzen Wasser, Nährsalze (aus dem Boden) und Kohlendioxid (aus der Luft) in organische Stoffe verwandelt.*
*Menschen und Tiere können das nicht. Sie brauchen also die Pflanzen als Produzenten von Nahrungsenergie, die sie entweder direkt durch vegetarische Kost oder auf dem Umweg über das Fleisch zu sich nehmen. So kreist die einmal von den Pflanzen aufgenommene Lichtenergie als organische Materie durch das ganze Ökosystem. Am Schluß zerfallen tote Pflanzen, Tiere und Menschen wieder in ihre ursprünglichen Bauteile Wasser, Kohlendioxid und Mineralsalze.*
*Von einer Höhenstufe zur nächsten nimmt die Kraft der Sonnenenergie ab. Also wird die Pflanzendecke kümmerlicher, das Klima rauher, der Sommer kürzer und kälter. Auf etwa 2000 Meter Seehöhe begrenzt die Natur den Lebensraum des Menschen an jener „Kampfzone", in der Bäume wegen der kurzen Vegetationsperiode nur mehr eine „klimatische Hungerform" schaffen.*
*Die Vegetationsperiode umfaßt den Zeitraum, den das Wachstum einer Pflanze bis zur Samenreife benötigt. Je 100 Höhenmeter nimmt diese Zeitspanne um eine Woche ab. So haben Holzgewächse auf 1000 Meter Höhe dafür 195 bis 210 Tage Zeit, 1000 Meter höher droben aber nur mehr 85 bis 120 Tage. Wo die Vegetationsperiode auf weniger als 100 Tage schrumpft, dort verläuft die Waldgrenze. In dieser Höhe rücken wir langsam in das Ödland der nackten Felsen und der Gletscher vor.*
*So trennen Äcker, Wiesen und Wälder von der Fels- und Gletscherregion günstigstenfalls rund 1600 Höhenmeter, die wir zu Fuß in gut vier Stunden überwinden können.*
*Dieser Anstieg entspricht einer 4000 Kilometer langen biologischen Reise von Salzburg in die Arktis.*
*Die Höhenstufen können wir auch am Unterschied zwischen Garten- und Alpenblumen ermessen. Je höher der Standort, desto ausgeprägter die „klimatische Hungerform".*

Ehe wir uns auf den Weg machen, schenken wir dem kleinen Schlepplift am Südabhang der Rudolfshütte etwas Aufmerksamkeit. Hier bereitete sich die österreichische Skielite noch im ersten Jahrzehnt nach dem Zweiten Weltkrieg im Herbst auf die Wettkämpfe vor. In dieser TV-freien Steinzeit vor dem Weltcup standen auf dem Skikalender lediglich fünf wichtige Rennen: Lauberhorn, Hahnenkamm, Kandahar, Westenpokal und Großglockner. Die Honorare für Siege gingen nicht weit über ein erlesenes Gewand, einen Strandurlaub oder eine goldene Uhr hinaus. Allerdings stellten die Skifirmen nebst ebenso magerem wie schwarzem Taschengeld bereits ihre Bretter zur Verfügung und der Österreichische Skiverband kam für die Reise- und Trainingskosten auf.
Wir folgen nun einer doppelten Markierung, dem „Arnoweg" (der zur Erinnerung an die Ernennung des ersten Salzburger Erzbischofs 798 rund durch das Land führt) und dem „Austriaweg" (Nr. 711). Es beginnt mit dem anfangs luftigen Abstieg auf Leitern über die „Steinerne Stiege" fast 300 Höhenmeter nordostwärts hinunter zum Tauernmoos Stausee (2028 m Höhe). Unterhalb der „Steinernen Stiege" lockt der vom bekannten Glaziologen Heinz Slupetzky angelegte Gletscherschaupfad auf der Zunge des Ödwinklkeeses zu einem kurzen Abstecher.
Solange rechts im Talschluß das Eiskögele (3434 m) noch im Blickfeld bleibt, verdienen die Bramberger Alpinisten Peter Meilinger und Hans Hofer noch einen Gedanken. Sie durchkletterten 1965 die Eiskögele-Nordwand und fanden dabei auf Höhe 3000 einen Riesenkristall, der mindestens 15 Millionen Jahre benötigt hatte, um das respektable Gewicht von 1622 Kilogramm anzusetzen. Dieses Prachtstuck, geborgen vom Bundesheer unter Einsatz von Hubschraubern, steht heute im Salzburger „Haus der Natur".
Im Graumösl knapp vor dem See zweigt der „Austriaweg" nach Osten ab und ändert seine Markierung auf Nr. 716.
Wir überqueren den eisigen Ödwinkelbach und steigen durch die schottrige Einöde des Übelkars zwischen den Abstürzen des Kleinen Eisers

und den Eisbrüchen der Hohen Riffel hinauf zum Kapruner Törl, dem mit 2639 Metern höchsten Punkt dieser Wanderung. Dann geht es das „Wintergasse"-Hochkar hinunter direkt auf drei Bergriesen zu, die Klockerin (3419 m), das Große Wiesbachhorn (3564 m) und den Hohen Tenn (3368 m). Diese grandiose Szene überwältigte den berühmten Alpinisten und Geographen Oberst Karl Sonklar 1866 „wie der erste Anblick des Meeres oder der Sixtinischen Madonna".

Beim Abstieg durch die „Wintergasse" braucht es einige Phantasie, um sich hier den Schauplatz für die Skiausbildung der k. u. k. Gebirgstruppe im Ersten Weltkrieg vorzustellen. Als Italien im Mai 1915 in den Krieg gegen Österreich-Ungarn eintrat, erklärte das Heereskommando alles Gebiet südlich der Salzach zu „rückwärtigem Kriegsgebiet", in dem bei Bedarf Gebäude und Transportmittel beschlagnahmt sowie Transportwege gesperrt werden konnten. Die Armee übernahm also schon im Sommer 1915 die Krefelder Hütte als Standquartier für Sommerskikurse auf dem Schmiedinger Kees und das noble Hotel Mooserboden für kombinierte Alpin- und Skikurse im Herbst. In den erhaltenen Kursberichten lesen wir u. a. detaillierte Angaben über die Alpin- und Skiprüfungen.

Da mußten die Anwärter zum Hilfsbergführer mit ihren langen Latten, wackeligen Bindungen, weichen Schuhen und kompletter Kriegsausrüstung zügig durch die Wintergasse zum Kapruner Törl und ostseitig am Kleineiser vorbei in die Eiserscharte aufsteigen, dann angeseilt und mit geschulterten Skiern über den Südgrat die 400 Höhenmeter zum Hocheiser hinauf und herunter turnen, über das Eiserkees und durch die Wintergasse in den Talboden abfahren und die letzten drei Kilometer als „Patrouillenlauf" hinter sich bringen. Der „gewöhnlichen" Alpintruppe wurde aus diesem anspruchsvollen Programm die Klettertour auf den Hocheiser erlassen.

Kurz vor dem Stausee Mooserboden erreichen wir einen flachen Sandboden. Der Wanderer ahnt nicht, daß dieser Boden um 1850 noch etwa 40 Meter tief unter dem Karlinger Kees fror. Damals reichte die-

*Pinzgauer Wallfahrer auf dem Weg von Ferleiten nach Heiligenblut.*

*Die für Touristen und Pferdewagerl erschlossene Limbergalm um 1900.*

ser Gletscher noch von rechts, wo jetzt ein Wasserfall gischtet, über die fast 500 Meter hohe Steilflanke herunter und jenseits des Talbodens gut 100 Höhenmeter den Hang Richtung Hocheiser hinan. Die nächsten 3,5 Kilometer dieser Etappe führen leicht bergan und bergab am Ostufer des Speichers zu den beiden Talsperren, die wir ostwärts zur Bushaltestelle bei der „Heidnischen Kirche" überqueren.

## KREFELDER WEG 66

***Ein starker Test für Kondition und Trittsicherheit***

*Anfahrt über Uttendorf zur Seilbahn Enzinger Boden (Info Tel. 06563/9593), Abfahrt Gletscherbahn Kaprun (Info Tel. 06547/8700).*
*Start Rudolfshütte 2315 m, tiefster Punkt Tauernmoos-Staumauer 2030 m, höchster Punkt Schmiedinger Scharte 2728 m, Ziel Alpincenter 2452 m.*
*Insgesamt 15 km, 1100 Höhenmeter Anstieg, 7 Stunden Gehzeit.*

Der Begriff „Krefelder Weg" täuscht darüber hinweg, daß diese Höhenwanderung mit vier Gegenanstiegen in Höhen zwischen 2000 und 2700 Metern ein ernsthafter Test für die Kondition ist, Trittsicherheit erfordert und auf den letzten 300 Höhenmetern zur Schmiedinger Scharte hinauf über Firnlager führen kann. Diese Tour ist nur bei absolut stabilem Schönwetter anzuraten.
Auch diese Wanderung beginnt mit der möglichst frühzeitigen Auffahrt vom Enzinger Boden zur Rudolfshütte. Von hier halten wir uns an die Markierung Nr. 711, den „Austriaweg". Der anfangs luftige Abstieg auf Leitern über die „Steinerne Stiege" fast 300 Höhenmeter nordostwärts hinunter zum Tauernmoos Stausee (2028 m Höhe) bringt uns an eine Wegscheide, an der wir links den Krefelder Weg (Nr. 711) entlang dem Stausee zur Bergstation der alten Seilbahn einschlagen, die leider nur mehr dem Werksverkehr dient und nicht mehr den Krefelder Höhenweg um annähernd eineinhalb Stunden verkürzt.
Am Nordende der Staumauer steigen wir gemächlich zum Kühtauern an, der noch den ursprünglichen Sinn des von

*Weißsee nahe der Rudolfshütte (FVV Uttendorf).*

den Kelten geprägten Begriffs „Tauern" trägt: Übergang, Paß. Hier dreht auch der Fahrweg nach links ab. Das war die Werkstraße, die beim Bau der Staumauer der 700 Meter hohen Steilstufe zwischen Enzinger Boden und Tauernmoos nordwärts in etwas weniger schwieriges Gelände auswich. Vom Kühtauern steigt unser Weg ostwärts an, durchquert das felsige Maurerkar, fällt nach dem Wurfbach etwas ab, bringt uns nach scharfem Zick-Zack-Anstieg auf das abschüssige Hochalpl und biegt nun leicht fallend in das Reichenbergkar ein. Aus diesem weiten Almboden steigen wir ziemlich steil fast 200 Höhenmeter hinauf in das Kleetörl, wo sich der Blick nordwärts zu den Pinzgauer Grasbergen und den Kalkalpen öffnet.

Über zwei Geländestufen steigen wir jetzt 150 Höhenmeter hinunter bis knapp an den Hacklsee, weichen nach rechts ab und gelangen quer durch die Nordwestrinne des Schmiedingers in das Winterethaus, eine Mulde, die sich nach 200 Höhenmetern zu einer Rinne verjüngt. Nach 300 eher mühsamen Höhenmetern erreichen wir die Schmiedinger Scharte und steuern nun in moderatem Abstieg entlang dem Schmiedinger Kees erst die auffallende Skiakademie und dann das Alpincenter an.

Südöstlich von uns ragt das

Kitzsteinhorn aus dem Schmiedinger Kees. Man kann jetzt leicht die alpinistische Leistung des Kardinals Friedrich Schwarzenberg abschätzen, der von 1836 bis 1850 Fürsterzbischof von Salzburg war. Er stieg 1841 von Niedernsill durch das Mühlbachtal auf die Lakarscharte im Nordgrat des Schmiedingers, querte unseren Weg von links und schaffte die Zweitbesteigung des Kitzsteinhorns; die erste hatten 1828 Vermessungsoffiziere unter Führung des Kapruners Hansl Entacher aus dem Kapruner Tal herauf unternommen. Damals zählte keineswegs die alpinistische Leistung der Erstbesteigung, sondern die geodätische Präzision der ersten genauen Vermessung der österreichisch-ungarischen Monarchie unter Kaiser Franz I. So wollte die Behörde den Ertrag aus den Grund- und Produktsteuern objektivieren – und vor allem erhöhen.

## DICHTENSEE 2461 m 67

***Teppichhändler, Jatergitschen und zerrissene Schuhe***

*Anfahrt durch den Felbertauerntunnel zum Matreier Tauernhaus (Info Tel. 04875/8811).*
*Start und zugleich tiefster Punkt Bergstation Venedigerblick 1990 m, Ziel und höchster Punkt Dichtensee 2461 m.*
*Insgesamt 13 km, 500 Höhenmeter Anstiege, 5 Stunden Gehzeit.*

Diese Wanderung führt in eine außergewöhnliche Kombination aus hochalpiner Landschaft und uralter Wirtschafts- und Siedlungsgeschichte. Wiewohl wir die steilen, sonnseitigen Südhänge der Hohen Tauern erst nach der Fahrt durch den Felbertauerntunnel nach Osttirol und zum Matreier Tauernhaus erreichen, bewegen wir uns dort auf „Altsalzburger" Boden; der Gerichtsbezirk Matrei gehörte nämlich bis 1803 zu Salzburg.
Zwei Kilometer südlich des 5,2 Kilometer langen Tunnels zweigt scharf nach rechts die Straße zum Matreier Tauernhaus ab.
Den ersten Anstieg über 500 Höhenmeter danken wir dem Sessellift (Info Tel. 04875/8810). Nun machen wir uns auf den markierten Weg nordwestwärts leicht ansteigend

über die Matten der Wohlgemutalm – links immer den phantastischen Blick frei auf den Venediger, von dem das spaltendurchzogene Schlatenkees Richtung Innergschlöß herabfließt. Diese beiden Namen zeigen an, daß wir im Tauerntunnel eine uralte Sprachgrenze überschritten haben. Nach den Stürmen der Völkerwanderung besiedelten nämlich Slawen Kärnten und Osttirol. Und wie jeder Landnehmer versahen auch sie die Gegend zur Orientierung mit Flurnamen. Das Schlatenkees heißt so, weil die Slawen in seinem Umfeld Gold (zlato) fanden. Und im Gschlößtal gruben sie nach Eisen (zelezo). Nach gut 1,5 Kilometern biegt unser Weg nordostwärts in die Außergschlößalm ein und mündet dort in den alten Tauernweg (Nr. 511) über den Felber Tauern, zu dem uns nur mehr knapp 400 Höhenmeter fehlen.

Dieser 2460 Meter hohe Paß zählt seit zwei Jahrtausenden zu den wichtigsten Übergängen in den Ostalpen. Um 1500 schleppten Saumpferde jährlich an die 350 Gütertonnen über diese Höhe – vorwiegend italienischen Wein nordwärts und Halleiner Salz südwärts. Hingegen beschrieb der Tiroler Topograph Beda Weber den Felber Tauern noch 1837 als überaus „schwieriges Gebirge, wo auch feste Schuhe zu Schanden getreten werden".

Zudem galt dieser Tauern als besonders gefährlich, zählen doch die Totenbücher in Mittersill und Matrei an die 140 Opfer von Wetterstürzen auf. Zu diesen Bedauernswerten gehörten etliche von jährlich Hunderten Osttirolern, die ihr wirtschaftliches Glück nördlich der Alpen versuchten: „Teppichhändler" mit dicken Decken und „Jatergitschen". Diese jungen Frauen („Gitschen") verdingten sich bei reichen Pinzgauer Bauern als Jäterinnen. Der Jurist Anton Ruthner, berühmter Alpinist der Pionierzeit und Mitbegründer des Alpenvereins, schrieb 1864, daß „nach amtlichen Erhebungen jährlich 500 bis 600 Menschen, größtentheils der arbeitenden Klasse angehörig, den Velbertauern übersteigen, viele davon in der gefährlichsten Zeit". Just dies taten im Jänner 1874 20 alpin völlig ahnungslose Italiener, die sich vom Bahnbau im

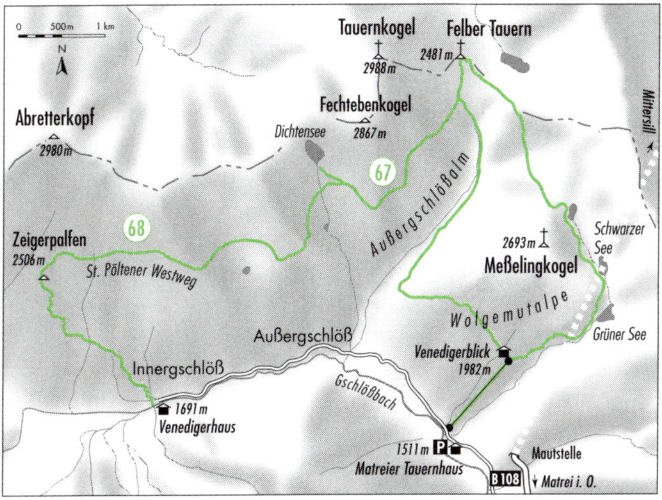


Pinzgau Arbeit erhofften. Sie waren im tiefen Schnee entkräftet steckengeblieben. Da schickte das pure Glück einen Einheimischen den Italienern nach und dieser Mann trommelte im Tauernhaus Helfer zusammen.

Im Mai 1878 überkam ein Schneesturm einen Viehtrieb, dem 130 von 553 Tieren und vier von 63 Treibern zum Opfer fielen. An der Unglücksstelle gruben Einheimische bis in den Juni hinein nach „Gefrierfleisch", um ihre magere Kost aufzubessern. Später lockte ausgeapertes Aas angeblich Weißkopfgeier vom Balkan hierher. Wetterfest machte diesen Tauern erst die 1967 fertiggestellte Schnellstraße. Sie folgte in großem Respektsabstand einem bravourösen Projekt von 1883/84. Oberingenieur Braunegger entwarf damals eine Bahntrasse von Kitzbühel über den Paß Thurn in einem sieben Kilometer langen Tunnel durch den Tauern und das Iseltal hinaus zur Pustertalbahn in Lienz. Das sollte die kürzeste Verbindung zwischen den jungen süddeutschen Wirtschaftszentren und dem aufstrebenden österreichischen Hafen Triest herstellen und zudem den strategischen Schutz Tirols verbessern. Doch mangels Geld lan-

dete auch dieses Projekt auf dem Friedhof aller Luftschlösser.
Wir folgen dem alten Handelsweg bis zu einer Steilstufe 100 Höhenmeter unter dem Paß und schwenken nun scharf südwestwärts in den „St.-Pöltener-Westweg" (Nr. 917) ein, der knapp an der 2400-Meter-Schichtlinie rund elf Kilometer weit bis zum Viltragen Kees führt. Wir folgen dieser grandiosen Aussichtspromenade nur 2,5 Kilometer weit um den scharfen Fechtebensüdgrat herum in das Dichtenkar. Wo der Westweg zu einem kurzen Abstieg ansetzt, zweigt nach rechts bergan ein eher undeutlicher Pfad ab, der nach 80 Höhenmetern den Dichtensee erreicht. Freunde hochalpiner Einsamkeit kommen hier voll auf ihre Rechnung.
Es könnte durchaus sein, daß uns hier eines der „Venedigermandln" begegnet, denn wir befinden uns in einem ihrer bevorzugten Reviere. Seit der Entdeckung von Gold in den Tauern durchstreifen diese kleinwüchsigen, schweigsamen und in dunklen Samt gekleideten Männer das Gebirge. Mit ihren „Bergspiegeln" können sie Gold und sonstige Schätze tief im Felsen aufspüren. Und wer sie gut behandelt, kommt irgendwann unverhofft zu Reichtum.
Die Rückkehr auf dem Hinweg legen wir so an, daß wir ob des Staunens nicht die letzte Talfahrt verpassen.
Reichen Zeit und Kondition, dann lohnt als Rückweg die Umrundung des Messelingkogels: 200 Höhenmeter Anstieg, 550 Meter Abstieg, fünf Kilometer und 2,5 Stunden statt 350 Höhenmeter Abstieg, vier Kilometer und 1,5 Stunden. In diesem Fall folgen wir dem Westweg hinauf zum Tauernkreuz, schwenken nach Südosten, übersteigen auf dem „St.-Pöltener-Ostweg" den Weinbichl hinüber zum Alten Tauern und folgen nun der Markierung Nr. 513 zu den drei Seen („Grauer", „Schwarzer" und „Grüner") in drei übereinander angeordneten Buchten.
In dieser paradiesisch unberührten Landschaft tauchen gelegentlich unscheinbare Menschen mit eigentümlich traurigen Gesichtszügen auf und ersuchen Passanten um Hilfe. Wird sie gewährt, so folgt der guten Tat ein überraschender Glücksfall auf dem

## TAUERN-HANDELSWEGE

*Die Römer scheuten keinen Gegner. Aber die Alpen mieden sie wegen der unberechenbaren Gefahren von Schnee, Lawinen, Kälte, Gewitter und Steinschlag in felsiger Einöde. Lediglich imperiales Machtstreben bewog sie, Alpenpässe nordwärts zu überqueren, um die keltischen Noriker zu unterwerfen und dem Drang der Germanen nach Süden entgegenzutreten. So gewannen Brenner und Katschberg vor zwei Jahrtausenden strategisch erstrangige Bedeutung. Daher ließ Kaiser Septimius Severus im Jahr 202 auch den Weg über die Alpen nach Salzburg zur Reichsstraße ausbauen, deren erhaltene Reste technische Meisterschaft beweisen.*

*Die Stürme der Völkerwanderung verwehten die römischen Spuren. Erst im hohen Mittelalter lief der Saumhandel zwischen Salzburg und Adriaküste wieder zaghaft an. Saumpferde trugen eine „Roßsaum" von 168 Kilogramm und schafften im Tag durchschnittlich 30 Kilometer.*

*Erst im 16. Jahrhundert ließ Erzbischof Leonhard von Keutschach den Saumpfad über den Radstädter Tauern und den Katschberg zu einem Fahrweg für Fuhrwerke ausbauen, die für Lasten bis zu einer Tonne eines Vorspanns von zehn und mehr Zugtieren bedurften.*

*Die an der Wende zur Neuzeit wachsende Konsumkraft der Städte – Venedig zählte damals 100.000 Einwohner, Nürnberg, Regensburg oder Augsburg um die 25.000 – weckte im Norden beträchtlichen Bedarf an der „Venedigerware": Südfrüchte, Olivenöl, Wein, Glas, Seife, Baumwolle, Rosinen und Luxusgüter sowie die Gewürze, Seiden und Drogen Arabiens und Indiens, die Venedig dank seinem Handelsmonopol mit dem Orient beinahe europaweit vertrieb. Der Norden bezahlte die „Venedigerware" mit Salz, Gold, Pelzen, Holz und Bernstein. Eine Hauptroute für dieses lukrative Geschäft durchzog Salzburg, dessen Bedeutung heute noch in Venedig neben der Rialtobrücke zu erkennen ist: am „Fondaco dei Tedeschi" („Handelshaus der Deutschen"), in dem die Salzburger Rang drei behaupteten. Erst der Bahnbau zwischen 1858 und 1875 versetzte dem ohnedies schon lange siechen transalpinen Fuhrwerksverkehr den Todesstoß, denn der Bahntransport war zehnmal schneller und ein Fünftel so teuer.*

Fuß. Dann weiß man, daß man „Saligen" begegnet ist; den Nachkommen jener Kinder, die Adam und Eva noch vor dem Sündenfall im Paradies gezeugt hatten. Diese gegen Kälte, Hitze und Hunger unempfindlichen Wesen leben verborgen in den Bergwäldern und Höhlen der Hohen Tauern.
Beim Grünen See weichen wir vom Ostweg ab und folgen der Markierung Nr. 512 südwestwärts – erneut im Angesicht des Venedigers – hinunter zur Bergstation des Lifts.

## ZEIGERPALFEN 68

***Wanderung im gewaltigen Vorfeld des Großvenedigers***

Als Konditionstest und großartige hochalpine Wanderung bietet sich der „St.-Pöltner-Westweg" bis zum Zeigerpalfen an. Von der Liftstation Venedigerblick sind das hin und zurück 21 Kilometer, 700 Höhenmeter Anstiege und an die acht Stunden Gehzeit.
Wir halten uns an die Route Nr. 67 zum Dichtensee bis in das Dichtenkar, steigen allerdings dort (Markierung Nr. 917) rund 100 Höhenmeter ab, durchmessen erst das Weißeckkar und dann das Keespöllach hoch über dem Felskessel um den gleichnamigen Bergsee und gelangen zu den weiten Böden der Innergschlösser Ochsenalm. Sie endet am Zeigerpalfen (Palfen = Felskopf), einem hervorragenden Ausguck hoch über dem Gschlöß. Noch um das Jahr 1850 reichte das Schlatenkees über den Talboden und an die 100 Meter Richtung Zeigerpalfen herauf. Der allgemeine Temperaturanstieg um etwa 1,5 Grad zwang das Schlatenkees, seine Zunge um nicht weniger als 1,5 Kilometer und 600 Höhenmeter zurückzuziehen.
Wegen des großartigen Rundblicks wäre der Hinweg auch erste Wahl für den Rückweg. Um vier Kilometer kürzer ist der Abstieg vom Zeigerpalfen auf gut markiertem Steig direkt zum Venedigerhaus im Innergschlöß und von dort der Wanderpfad Nr. 925 talauswärts zum Matreier Tauernhaus. Allerdings bedeutet das 1000 Höhenmeter Abstieg. Eine Kompromißvariante erlaubt die strategisch exzellent gelegene St. Pöltner Hütte (Tel. 06562/6265) auf dem

Felber Tauern. Eine Nächtigung verkürzt die Wanderungen zum Dichtensee oder zum Zeigerpalfen um 3,5 Kilometer, 400 Höhenmeter und 1,5 Stunden Gehzeit.

## LEITENKAMMERSTEIG 69

***Von der Gerlos in die Einsamkeit des Wildkars***

*Anfahrt über Krimml bis Gerlos/Filzstein.*
*Start und zugeich tiefster Punkt Bushaltestelle (Parkplatz) Filzsteinhaus auf der Gerlos 1643 m, Ziel Wildkar Hochalm 1962 m, höchster Punkt Plattenkogel 2039 m. Insgesamt 12 km, 450 Höhenmeter Anstieg, 4 Stunden Gehzeit. (Karte S. 153)*

Diese Höhenwanderung in die Einsamkeit des Wildkars beginnt bei den naturgeschützten „Sieben Mösern", einst der Schrecken aller Wanderer über die Gerlosplatte. Wo heute die Autostraße mitten durch diese rund 200 Hektar große Sumpflandschaft schneidet, wiesen vordem Stangen den schmalen Pfad zwischen kleinen, unheimlich tiefen und meist schwer erkennbaren Wasserlöchern hindurch. Der Mittersiller Pfleger Ignaz Kürsinger, Erstbesteiger des Großvenedigers, bewertete dieses Moor bereits 1841 als „große Vorratskammer für Torf, der ein wichtiges Ersatzmittel für das sich allmählich vermindernde Holz abgiebt". Zum Glück kam die Eisenbahn diesem Abbau eines ökologisch seltenen und daher wertvollen Hochmoores zuvor. Erst die Eisenbahn erlaubte nämlich den Massentransport von Kohle, der endlich den Raubbau an Holz beendete. An diesen Mösern entlang führt uns eine im Sommer eher verwaiste Straße westwärts zwei Kilometer weit zum Hotel Gerlosplatte. Knapp davor zweigt südwärts ein Fahrweg ab. Von seiner Vielfachmarkierung merken wir uns die Nummer 51. Erst steigen wir moderat durch zwei kurze Kehren am Rand des breiten Skihanges direkt auf den Plattenkogel zu, schwenken dann aber rechts ab. An einer Bodenwelle, die vom Plattenkogel westwärts herunterzieht, tut sich die Gletscherwelt der Reichenspitzgruppe auf – besonders das trotz des Gletscherschwundes immer noch

*Das Krimmler Becken mit den Wasserfällen, gemalt um 1780.*

eindrucksvolle Wildgerloskees. 400 Höhenmeter unter uns krümmt sich der Durlaßboden Speicher um die bewaldeten Flanken der ausgedehnten Almböden am Schönbichl herum.

In der Breiten Scharte südwestlich des Plattenkogels stoßen wir auf den zunehmend von Erdrutschen bedrohten Weg direkt von Krimml herauf und steuern nun geradewegs auf die Nordabstürze der Schneckenköpfe zu. Hier verjüngt sich der Fahrweg zum „Leitenkammersteig", auf dem wir nahezu eben den letzten Kilometer zur Wildkarhochalm wandern.

Zurück nehmen wir bis zur Breiten Scharte den gleichen Weg, dort aber folgen wir der Markierung Nr. 49 nordostwärts gut 100 Höhenmeter hinauf auf den Plattenkogel, einen berühmten Aussichtspunkt: Der Reichenspitzgruppe schließt sich ostwärts noch die Parade der Venedigerkeesberge an. Von dieser herben Pracht kann sich das Auge dann an den Grasbergen im Norden erholen.

Der Abstieg nordostwärts zurück zum Filzsteinhaus folgt der Markierung Nr. 49 über eine grasige Skiwiese. Aufmerksamkeit verdient zum Schluß noch die Hochspannungsleitung zwischen

Salzach- und Zillertal. Der Sturz des italienischen Diktators Mussolini 1943 gab nämlich dafür den Anstoß. Hitler ordnete an, daß der wertvolle Südtiroler Strom dem umgefallenen Bündnispartner Italien entzogen und vom Inntal über die Gerlos nach Kaprun und von dort an die Rüstungsindustrie in Linz, St. Valentin (Panzer) und Wiener-Neustadt (Flugzeuge) geleitet werde. Zwischen Tirol und Salzburg bestand damals ebensowenig eine Hochspannungsleitung wie zwischen Vorarlberg und Tirol. Diese Bundesländer hingen damals noch am württembergischen bzw. bayerischen Stromnetz. Freilich genas die deutsche Rüstungsindustrie in Niederösterreich nicht mehr an Südtiroler Strom; die Gerlos-Leitung wurde erst 1946 gebaut und blieb bis heute der einzige Verbund zwischen Salzburg und Tirol.

An der Wildkarhochalm sollte man eine durchaus gefahrlose Variante von ungewöhnlichem hochalpinem Reiz erwägen: 550 Höhenmeter und 2,5 Stunden zusätzlich erschließen die herbe Einsamkeit um den Wildkarsee. Wir folgen dem mit Nr. 51 bezeichneten Steig südwärts in das Wildkar und steigen an dessen linkem Rand ostwärts hinauf zum Wildkarsee an der Seekarscharte.

Der Anblick des Wildkarkeeses im Süden sollte keinesfalls zu einer spontanen Tour auf die Wildkarspitze verleiten. Dieser zwischen zwei Kämme eingezwängte Gletscher ist in seinem obersten Drittel steil und von verdeckten Spalten durchzogen; der Anblick einer vermeintlichen „Skiwiese" trügt also.

# *Tauern-Hochtäler*

*Idylle am Durlaßspeicher, im Hintergrund die Gletscher in der Wilden Gerlos (SLT).*

Gemeinhin zählt man Täler nicht zu den idealen Revieren des Höhenwanderns. Ein Blick auf die Landkarte belehrt uns allerdings sofort eines besseren: In fünf langen Tauerntälern bewegen wir uns durchschnittlich auf 1600 Meter Höhe – und das immerhin stundenlang.

Somit stellt sich der erwünschte physiologische Effekt einer Dauerbelastung ohne Intensivbelastung ein.

Die Physiologie des Schlankwanderns freilich tritt in den Tauerntälern emotional sehr schnell in den Hintergrund. Wir wandern in grandiosen Tälern, die von den Gletschern zu breiten Trögen ausgehobelt wurden. Wir nehmen sogar Gletscherzungen unter die Beine. Und wir wechseln von Almen unvermittelt in unberührte Urlandschaften, die dem Zugriff der Zivilisation überhaupt nie ausgesetzt waren – wie das Untersulzbachtal.

Umgekehrt erleben wir in den Tauerntälern den „Rückbau" von der reichlich ungehemmten Nutzung der Natur zur eigengesetzlichen Entwicklung im Schutz des Nationalparks Hohe Tauern.

Das mag angesichts des Taxitransports auf gepflegten Almwegen auf den ersten Blick

nicht sonderlich eindrucksvoll erscheinen.
Da ist Geduld am Platz, denn die Natur braucht beispielsweise ein Jahrhundert, um zu ihrem ureigenen Mischwald zurückzukehren und aus aufgelassenen Almen das zu machen, was sie vor der Rodung waren: Wald.
Auch der Mensch braucht Zeit, um sich der Natur anzupassen statt sie auszupressen. Naturgerechte Almwirtschaft und Bauweise bedürfen des langen Einübens.
Als Lohn winkt dann am Ende dieses Prozesses – vielleicht erst nach Jahrzehnten – ein Schaustück höchster Kultur: Der Mensch nutzt die Natur, indem er sich ihr anpaßt, weil wir alle letztlich aus der Natur, in der Natur und durch die Natur leben.
Es nimmt daher nicht wunder, daß wir unsere Höhenwanderungen durch Täler dort unternehmen, wo uns der Nationalpark Anschauungsunterricht darin erteilt, wie man verletzte Natur kuriert und sich selbst überläßt.
Der Nationalpark ist deshalb kein Glassturz, sondern der Verzicht auf gedankenlose Gewalttätigkeit.

## HÜTTWINKEL-WALDWANDERUNG 70

***Von Tauerngold und Salzburgs erstem Kraftwerk***

*Anfahrt über Rauris nach Kolm Saigurn, ab Bucheben/Frohnwirt mit dem Bus (Info Tel. 06544/6237). Ausgangspunkt Kolm Saigurn 1598 m, höchster Punkt 1854 Seealm, Ziel und tiefster Punkt Frohnwirt/Bucheben 1074 m. Insgesamt 14 km, 300 Höhenmeter Anstieg, 800 Höhenmeter Abstieg (davon die Hälfte auf dem letzten Kilometer), 4,5 Stunden Gehzeit.*

Es ist dies gewiß eine ziemlich ungewöhnliche Wanderung; zwar durchaus in mittlerer Höhe, zudem größtenteils sanft bergab und außerdem noch zur Hälfte durch Wald nahe dem Talboden. Aber wir bewegen uns in einer wirtschaftsgeschichtlich bedeutenden Landschaft, an der Naht zwischen Wald- und Almwirtschaft und im Bereich des Nationalparks Hohe Tauern; der Lehrweg durch den Urwald (Durchgangwald) belegt es.
Wir stellen unseren Wagen in Bucheben ab und nehmen den Bus nach Kolm Saigurn. Auf

der Fahrt dorthin haben wir beständig das Zittel-Haus über dem Gletscherdach des Sonnblicks im Blick. Es wurde 1886 stolze 3105 Meter über der Adria als höchstgelegene ganzjährig besetzte Wetterwarte errichtet und alsbald vom Alpenverein zu einem Schutzhaus erweitert.
Diese Pioniertat verdanken wir dem Bergarbeiter und Zimmerer Ignaz Rojacher aus Rauris, einem ausnehmend geschickten und unternehmerisch denkenden Mann. Mit 32 Jahren erwarb er 1876 die Schürfrechte der aufgelassenen Goldminen in Kolm Saigurn. Um die Mitte des 16. Jahrhunderts hatten diese etwa 13 Prozent zu den Jahreserträgen aus der Goldberggruppe beigesteuert. Mit Spitzenwerten um die 630 Kilo Gold machte das legendäre Tauerngold damals fast zehn Prozent der bekannten Weltproduktion aus. Allerdings verschlang der Goldbergbau derartige Mengen an Holz, daß es aus dem Oberpinzgau herangetriftet werden mußte, weil der Raubbau die ursprüngliche Waldfläche in Rauris auf ein Sechstel und in Gastein auf ein Viertel verringert hatte.

Kurz vor dem Absturz in die roten Zahlen verkaufte der clevere Rojacher 1888 sein Unternehmen einer französischen Bank, die dann den unrentablen Goldbergbau liquidierte. In dieser kurzen Scheinblüte des Goldbergbaus verhalf Rojacher in der Einschicht von Kolm Saigurn einer technischen Revolution zum Durchbruch.
1883 berichtete das „Salzburger Volksblatt", daß in diesem Talschluß „die Kultur rüstig voranschreitet". Seit „einigen Jahren" verbinde alle Werksanlagen bis zu den höchsten Stollen auf fast 2400 Meter Höhe hinauf ein System von Telephon- und Telegraphenleitungen. Demnach übertrafen in Österreich bestenfalls die 1881 installierten Telephonleitungen von Dornbirn und Wien diese Anlage an Alter. Und 1883 setzte Rojacher als zweiter Unternehmer in Österreich den Dynamo ein. Diese Zwei-PS-Maschine speiste zehn Lampen in Arbeits- und Wohnräumen. Rojachers ökonomische Bilanz: „Da die Wasserkraft umsonst ist, so ist die Beleuchtung billiger als Petroleum. Die hölzerne Turbine wird beim Tag zum Treiben

## SYSTEM DER TAUERNHÄUSER

*Gegen Ende des Mittelalters begannen die Salzburger Erzbischöfe, an den Wegen über die Hohen Tauern Stützpunkte zu bauen – Vorläufer der Schutzhütten also. Sie wurden – im Gegensatz zu den Paßhospizen wie auf dem Arlberg oder dem St. Bernhard – strategisch geschickt in unbewohnten Talschlüssen so angelegt, daß Händler, Wanderer und Pilger den Alpenhauptkamm leicht an einem Tag überqueren konnten: vom Tauernhaus Krimml in das Ahrntal, von Spital im Felbertal zum Matreier Tauernhaus, vom Rauriser Tauernhaus nach Heilgenblut und von Wisenegg über den windigen Radstädter Tauern nach Schaidberg.*

*Als materielle Verlockung in die alpine Einöde bekamen die „Tauernwirte" vom Staat „Provisionen" (Pfründe von jährlich an die 1000 Kilogramm Roggen und Hafer), das Schankrecht und die Befreiung vom „Umgelt" (Alkoholsteuer). Dafür mußten sie Wanderern, „die nicht Zörung haben, über den Tauern hellfen und durch Gottes und der Pfrinden willen zu essen" geben, den Weg instand halten, „Wegseisstangen" aufstellen, „in Schneelähn todfindige Personen" auf den nächsten Friedhof schaffen und bei Nebel oder Schlechtwetter das Horn blasen oder die Glocke läuten, um Verirrten den Weg zu weisen.*

*Allerdings stand nicht nur christliche Nächstenliebe diesem System Pate. Den Erzbischöfen lag auch sehr daran, die im Nord-Süd-Handel wichtigen Salzburger Pässe gegen die Konkurrenz zu wappnen. Das gelang derart gut, daß die Krimmler, Matreier, Felbertaler und Rauriser Tauernhäuser bis heute ihren Zweck erfüllen – für den Tourismus, nicht aber mehr für den transalpinen Handel.*

*Eine Rarität über den Rahmen der Gastlichkeit hinaus bietet die getäfelte Gaststube des Krimmler Tauernhauses. Um die Mitte des 19. Jahrhunderts zogen alljährlich Dutzende ladinische Wandermaler über den Krimmler Tauern nordwärts und fragten von Tür zu Tür an, ob es nicht Möbel, hölzernes Hausgerät oder sonst irgendetwas zu bemalen gäbe.*

*Diese geschickten „Coloristi" aus den kargen Tälern rings um die Marmolata verewigten bei der Einkehr im Tauernhaus ihre Namen schwungvoll in der Gaststube.*

einer Kreissäge benützt."
In Kolm Saigurn brannte also früher elektrisches Licht als in Salzburg und in Wien.
Wir machen uns jetzt vom Ammerer Hof nordwärts auf den markierten Weg Nr. 24 in den „Rauriser Urwald", der als ein Glanzstück des Nationalparks Hohe Tauern mit einem Lehrweg und einem Waldmuseum ausgestattet ist. Dieser Urwald wächst auf einem großräumigen Hangrutsch. Weil der Gletscherstrom in der Eiszeit das Tal zu einem steilwandigen Trog ausgehobelt hatte, glitt die östliche Steilwand in den Graben ab; daher die vielen Steinblöcke und die Tümpel dazwischen.
Wir wandern ostwärts aus dem Nationalpark hinauf zur Filzenalm und schwenken dort mit dem Weg Nr. 24 nordwärts ab. Da wir rund fünf Kilometer an oder knapp unter der Waldgrenze ungefähr entlang der 1800-Meter-Höhenschichtlinie wandern, verdienen die Zirben etwas Aufmerksamkeit. Dieser Inbegriff von wetterfestem Baum hält Minustemperaturen bis zu 40 Grad aus, weil er sich beizeiten gegen die „Frosttrocknis" wappnet und daher nicht – verdurstet. Wenn im Frühherbst die Tage kürzer werden, „weiß" die Zirbe, daß sie im Stamm Wasserreserven anlegen und Zucker produzieren muß, damit dieses Wasser nicht gefriert – ähnlich dem Glykol im Kühlwasser unserer Motoren. Mit bis zu 400 Litern Wasser im Stamm kommt die Zirbe durch den härtesten Winter.
Der Weg Nr. 24 führt uns zu (oder in die Nähe von) elf Almen. Rechnen wir noch die neun Almen entlang der Straße von Bucheben nach Kolm Saigurn hinzu, dann kommen wir auf deren 20 oder fast ein Viertel des an Almen reichsten Tauerntales. Das Ausweichen der Bauern auf Bergweiden zur besseren Nutzung der Talböden leuchtet ein; zumal in Zeiten, da die Erträge der Ernten mangels „Chemie" im Schnitt allenfalls auf ein Fünftel von heute kamen.
Unterdessen haben wir längst die Mitterastenalm hinter uns gelassen und gewahrt, wie oft „Asten" den Almnamen in unserem Land beigefügt sind. In der Asten stecken die mittelhochdeutschen Wörter ouwe (Mutterschaf) und ouwist (Schafstall); also bezeich-

*Häufiger grasen wieder Pferde auf Almen – hier nahe dem Friesenhals.*

*Mislitzalm, ein für den Lungau charakteristisches Almdorf in den Nockbergen.*

nete die Asten eine für Rinder zu karge Schafweide.
Im letzten Sechstel unserer Wanderung treffen wir nochmals auf einen uralten Begriff, der ähnlich der Asten auf eine mittelalterliche Wirtschaftsweise zurückgeht: Im Ochsenmaißgraben steckt die „Maiß", abgeleitet von „meizan" für hauen oder roden. Mit dieser Kulturleistung rangen die Bauern ab dem 14. Jahrhundert den Wäldern Almen ab, um dem damals beginnenden starken Zuwachs an Bevölkerung die Ernährung zu sichern.
Nach einer längeren Strecke durch den Wald mündet unser Weg auf der Frohnalm in den Weg Nr. 19 (von Gastein herüber), auf dem wir flott in der Fallinie zu unserem Pkw beim Frohnwirt absteigen. Und weil wir auf dieser Höhenwanderung der Natur und der Besiedlungsgeschichte besonderes Augenmerk geschenkt haben, steht es dafür, die Heimfahrt noch zweimal zu unterbrechen.
Zuerst durch einen kurzen Abstecher hinauf nach Bucheben. Der Kirchenwirt steht hier seit dem 16. Jahrhundert absolut lawinensicher als Einkehr und Unterstand für die Rauriser Knappen in Kolm Saigurn.
Dem Wirt folgte der Priester erst, nachdem 1783 Kirche und Pfarrhof gebaut worden waren. Für die Schule reichte es erst viel später, als der Mesner dieser Anforderung nicht mehr entsprach. Für den Arzt reichte es nie, den mußten die Leute schon in Rauris aufsuchen.
Zum zweiten Mal unterbrechen wir auf dem Marktplatz in Rauris. Die reich ausgestattete Kirche, die Fresken in der Michaelskapelle nebenan und das „Voglmaierhaus" bezeugen auf einen Blick die Rente der Lage dieses Ortes: Gewinn aus dem Goldbergbau und aus dem transalpinen Handel über das Hochtor. Daß von diesem Geschäft auch die kleineren Leute profitierten, bezeugt ein Spaziergang südwärts 350 Meter weit durch die Dorfstraße bis zum alten Schulhaus, dem Heimatmuseum. Kaum ein Hauseingang in dieser Straße ohne noblen Kielbogen aus Gneis oder Serpentin, gelegentlich versehen mit einer Jahreszahl aus dem 16. Jahrhundert oder einem Gewerbezeichen (etwa die Breze für Bäcker).

## UNTERSULZBACHKEES 71

***Jahrtausende zurück in unberührte Urlandschaft***

*Anfahrt und Rückkehr über Neukirchen mit dem Taxi zur Stockeralm.*
*Start und tiefster Punkt Stockeralm 1280 m, Ziel und höchster Punkt Gletscherzunge im Käferfeldkar 2100 m. Insgesamt 11 km, je 850 Höhenmeter Anstieg und Abstieg, 4,5 Stunden Gehzeit.*

Diese Wanderung führt uns Jahrtausende zurück in eine unberührte Urlandschaft und endet weglos an der ebenmäßigsten Gletscherzunge in den Hohen Tauern. Die Zunge der Pasterze steckt nämlich wegen des dramatischen Masseverlustes schon fast zur Hälfte unter Geröll; und damit ist die einstige Pracht leider dahin. Die Wanderung zum Untersulzbachkees lohnt besonders ab August, wenn der Gletscher den Firn abgeschwitzt hat und das radial zerfurchte Blankeis wie die Pranke eines riesigen Ungeheuers auf dem Talboden liegt. Die Zufahrt zum Wirtshaus Stockeralm ist nur mit dem Taxi möglich, weil der Fahrweg in das Tal ab der Grenze des Nationalparks gesperrt ist. Wir halten uns ab der Stockeralm auf dem markierten Fahrweg Nr. 17, der 2,5 Kilometer taleinwärts und 250 Meter höher bei der Jagdhütte Aschamalm endet. Ab hier folgen wir einem nicht markierten Pfad entlang dem Bach. Nach rund 1,5 Kilometern verlieren sich die Steigspuren. Wir sind ohne Zeichen von Zivilisation mit uns und der unberührten Natur allein.
Die letzten beiden Kilometer legen wir weglos zurück. Das ist kein Problem, soferne wir dem Bach folgen, der ostseitig um einen kleinen Felsriegel vom Käferfeldkar herausfließt. Nach dieser Geländestufe öffnet sich ein fast ebener Trog, den der Gletscher ausgehobelt hat. Die Ränder der Moränen an den Talflanken lassen die Größe dieses Keeses beim letzten Gletscherhochstand um 1850 erahnen. Damals zog vom Schwarzen Hendl, dem unverwechselbar einst richtig benannten Schwarzen Hörndl, ein Gletscher bis ins Tal herab. Und das arg zerklüftete Käferfeldkees floß noch als breiter Eisstrom in Megazeitlupe vom Keeskogel über den Felsriegel

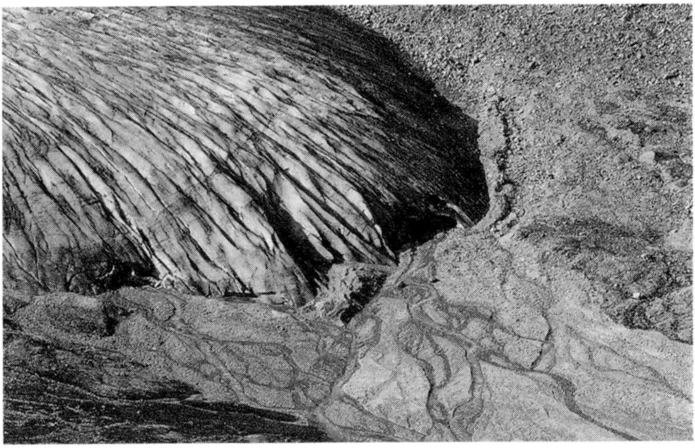

*Die Gletscherzunge des Untersulzbachkees (Retter).*

herunter in das Untersulzbachkees.
Einen Anblick des Großvenedigers erhascht freilich nur, wer jetzt weglos die linke Talflanke gut 200 Höhenmeter hinansteigt; vor uns im Talschluß steht nämlich „nur" der Kleinvenediger, der mit seinen 3477 Metern lediglich um 197 Meter unter seinem größeren Nachbarn zurückbleibt.
Ausnehmend lohnend für Geübte im umsichtigen Umgang mit Gletschern und Steigeisen ist ein Spaziergang auf dem Blankeis. Obschon die Spalten offen klaffen, sind Seil und die Beherrschung der Seiltechnik für so ein Unternehmen unerläßlich. Nur mit einfachen Steigeisen und dem Mut der Neugier stieg 1841 der 68jährige Gemsenjäger und Revierförster Paul Rohregger über diesen Gletscher an, um einen Weg für die Erstbesteigung des Großvenedigers zu finden. Nach allen Indizien wich er den großen Spalten über den Nordgrat des Kleinvenedigers aus, wurde aber im Bereich der Venedigerscharte von einer riesigen Querspalte gestoppt. Rohregger hatte 1829 die an der Nordwestwand des Großvenedigers gescheiterte Expedition des Erzherzogs Johann geführt.
Er nahm auch 1841 an der geglückten Expedition Ignaz Kürsingers teil, die den heute üblichen Normalanstieg über die Kürsinger Hütte ebnete.

Auf dem Weg von der Gletscherzunge heimwärts dürfte das Hochgefühl eines ungewöhnlichen Erlebnisses anzeigen, daß es auch im dritten Jahrtausend in unseren Bergen noch sehr preiswerte Abenteuer gibt, die weder Event noch Show oder Mega-Irgendwas heißen. Allerdings hat uns im Taxi bei der Stockeralm die Zivilisation wieder.

## „TÜRKISCHE ZELTSTADT“ 72

***Dramatische Folgen der Klimaschwankungen***

*Anfahrt nach Neukirchen, in das Untersulzbachtal zur Berndlalm mit dem Sammeltaxi, Rückkehr von der Postalm ebenfalls (Info Tel. 06565/6250).*
*Start und zugleich tiefster Punkt Berndlalm 1500 m, höchster Punkt Gletscherweg 2228 m, Ziel Postalm 1699 m. Insgesamt 14 km, 750 Höhenmeter Anstieg, 6 Stunden Gehzeit.*

Auf dieser Wanderung durch das Obersulzbachtal haben wir das außerordentliche Glück, die Folgen der Klimaschwankungen an einem drastischen Beispiel zu beobachten. Gletscher reagieren sehr empfindlich auf Veränderungen des Klimas. Kühlt es wie in der etwas übertrieben so bezeichneten „kleinen Eiszeit“ von der Mitte des 16. bis zur Mitte des 18. Jahrhunderts ab, dann wachsen die Gletscher an Masse und Länge; der Temperaturanstieg seit etwa 1850 – auch vom Verhalten der Menschen erheblich begünstigt – magerte die Gletscher sehr schnell ab.
Unsere Wanderung beginnt bei der Berndlalm an der Kante zwischen dem ebenen Talboden und einer steilen Talstufe, die das Naturwunder des Gamseckfalls gleich neben der Alm ermöglicht. Er donnert in eine sehr enge Schlucht, die von der Sonne nur im Hochsommer zu Mittag kurz ausgeleuchtet wird. Dann allerdings strahlt dieses gischtende Schauspiel wie ein Silberregen. Knapp zehn Gehminuten südwärts zeigt uns eine Rarität bei der Poschalm, daß einst hier Dutzende Meter Gletschereis auf dem ebenen Talboden lasteten. So entstanden auf dem Felsgrund des Obersulzbachkeeses Gletschertöpfe an

jenen Stellen, an denen sandiges Schmelzwasser mit hohem Druck durch Löcher im Eis auf den Untergrund traf und gleich einem Sandstrahlgebläse den Felsen anbohrte, während der Gletscher das Tal zu einem breiten Trog aushobelte – wie man auf dem Weiterweg taleinwärts ohne weiteres feststellt.

Nach rund 3,5 Kilometern Fußmarsch auf dem für den allgemeinen Verkehr gesperrten Fahrweg erreichen wir die Postalm, einen in der Alpingeschichte Salzburgs bedeutsamen Platz. Hier stand 1841 auf 1700 Meter Höhe als letzter Außenposten der kargen Viehwirtschaft die Hofer- oder Krausenhütte (= Aschamalm) – gerade halt 20 Gehminuten von der Gletscherzunge entfernt. Vor dieser Alm rüsteten sich am 3. 9. 1841 um 1.30 Uhr bei Vollmond 40 Mann zur Erstbesteigung des Großvenedigers. Expeditionsleiter Kürsinger beschrieb die Szene in seinem Bericht: „Ernst standen wir da im Kreise, denn die alterfahrenen und gefahrgewohnten Bergmänner mahnten uns, daß wir eine weite Reise in eine unbekannte Region über Gewände, tausende

*Bayrischer Kunstkalender, 1914 (SMCA).*

von Keesklüften und andere Gefahren zu bestehen haben; es sei gar leicht möglich, daß einer oder der andere aus uns nicht mehr heimkehre. Da entblößte der kühne Gemsenjäger Christian Rieß sein altersgraues Haupt und stimmte das ‚Vater unser' an. In ernster Stimmung gaben wir mit entblößten Häuptern und hochschlagenden Herzen die bethende Antwort, und es hat gewiß nirgends ein feierlicheres und herzlicheres Amen stattgefunden."

Siebeneinhalb Stunden und 2000 Höhenmeter später stand der „Spitzenzug" auf dem Großvenediger, der „Mittelzug" benötigte eineinhalb

Stunden mehr; nur 14 von 40 Mann erreichten den Gipfel nicht, weil sie den Strapazen und der Höhe erlagen. Kürsinger dankte es der „Fürsehung, daß auch dieser Bergriese falle. Und wenn in den kommenden Jahren Karavannen von rüstigen Steigern auf jenem Eisthrone hinaus schauen in die unendliche Aussicht, dann mögen sie uns Bahnbrechern eine freundliche Erinnerung schenken."

Einen Kilometer taleinwärts bei der ersten Kehre knapp jenseits der Obersulzbachhütte stießen die Erstbesteiger 1841 auf die Gletscherzunge. Sie wichen ihr nach links aus und kletterten durch eine steile Felsfurche zwischen Stierlahner- und Keeslahnerwand rund 300 Höhenmeter hinauf zur flachen Trogschulter, die der Hobel des Gletschers gerade nicht mehr erreichte.

Auf Höhe 1960 Meter endet der Fahrweg an der Materialseilbahn zur Kürsinger Hütte. An dieser Stelle – dem Oberen Keesboden – war beim letzten Gletscherhochstand um 1850 die Zunge des Obersulzbachkeeses 750 Meter breit und 140 Meter dick; sie reichte noch 700 Meter weiter talauswärts bis zur Stirnmoräne auf Höhe 1800 Meter.

Seit 1850 hat der Temperaturanstieg um etwa 1,5 Grad diesen größten Gletscher Salzburgs von 16 auf knapp 10 Quadratkilometer Fläche verkleinert und sein Volumen von 1300 auf 400 Millionen Kubikmeter gedrittelt – um mehr als eine Füllung des Wörthersees in Kärnten! Deshalb zog das Obersulzbachkees seine Zunge um 2,7 Kilometer bergwärts zurück. Damit verschwand auch die legendäre „türkische Zeltstadt", ein wilder Gletscherbruch an einer Geländekante auf 2200 Meter Höhe nahe dem Weg von der Warnsdorfer zur Kürsinger Hütte. Wir können die Spuren des Gletscherhochstands noch an den Seitenmoränen und der geringeren Vegetation an der abgehobelten Trogwand deutlich erkennen.

Bei der Obersulzbachhütte beginnt der Gletscherlehrweg, den der Österreichische Alpenverein unter Leitung des Salzburger Glaziologen Heinz Slupetzky beispielhaft angelegt hat. Auf den 400 Höhenmetern zwischen Stirnmoräne und Gletschertor werden an 20 Positionen auf dem Felsgrund der ehemaligen Gletscherzunge die ökologischen und glazialen Prozesse erläutert. Das vermittelt einen Begiff von Raum und Zeit bei der Gestaltung der Erdoberfläche durch die Natur. Der in seinem obersten Abschnitt gesicherte Weg endet an der Bodenkante, die einst im Gletscher die „Türkische Zeltstadt" aufgerissen hat. Heute öffnet sich dort am flachen Rand des Obersulzbachkeeses der immer noch großartige Rundblick vom Venediger im Osten über den Großen Geiger zu den Maurerkeesköpfen im Westen. Bei warmem Schönwetter macht uns das Glucksen, Murmeln und Rauschen des Schmelzwassers die Wirkung der Sonne verständlich: Je Quadratkilometer Gletscher und Sekunde schmilzt sie annähernd 250 Liter Wasser ab, pro Stunde also 9000 Tonnen. Treffen im Hochsommer starke Schmelze und schwere Gewitter zusammen, so schwillt der Obersulzbach unterm Steg auf Höhe 2060 Meter auf bis zu 12 Kubikmeter Wasser pro Sekunde an. Kühles Wetter und frostige Nächte drosseln hingegen den Abfluß auf weniger als zwei Kubikmeter. Pro Jahr gibt das Obersulzbachkees durchschnittlich 50 Millionen Kubikmeter Wasser ab – Schmelzwasser aus Schnee und Eis sowie Regenwasser. Das entspräche einer neun Kilometer hohen Wassersäule über einem Fußballfeld.

So alarmierend Freunde der Natur auch den dramatischen Gletscherschwund empfinden mögen, die Natur hält sich nicht an unsere Vorstellung von Schönheit. Beispielsweise hätte der Obersulzbacher Gletscherlehrweg vor 9000 Jahren in einem Zirbenwald geendet. Und auf dem flachen Gletscherboden südwärts davon hätte Almvieh gegrast. Nostalgie, Fortschrittskritik und Technikglaube hin oder her – der Wille mag Berge versetzen; Gletscher zaubert er weder weg noch her. Auf dem Rückweg zum Sammeltaxi, das uns (hoffentlich) bei der Postalm erwartet, dürfen die Gedanken an langer Leine einem Thema nachhängen, das der Kunsthistoriker Hans Sedlmayr auf den Punkt brachte: Beschäftigung mit der Geschichte lehrt uns, bleibende Werte von Vergänglichem zu unterscheiden.

## KRIMMLER ACHENTAL 73

***Saumpfad, daß nicht „Roß und Wein Schaden“ nähmen***

*Anfahrt nach Krimml, Rückkehr mit dem Sammeltaxi (Info Tel. 06564/2390). Start und zugleich tiefster Punkt Krimml 1076 m, höchster Punkt und zugleich Ziel Innere Unlaßalm 1680 m.*
*Insgesamt 15 km, 600 Höhenmeter Anstieg, 6 Stunden Gehzeit.*

In Krimml bricht man am besten frühmorgens beim großen Parkplatz vor der Mautstelle der Gerlosstraße auf; noch ehe der Ansturm Hunderter Touristen auf die Krimmler Wasserfälle anrollt. Ohne Gedränge läßt man sich von der Neugier unter der Straßenbrücke hindurch und an der Westseite der Krimmler Ache zu den tosenden Wasserfällen führen. Franz Michael Vierthaler nennt sie 1796 in seiner „Geographie Salzburgs" das „größte und prächtigste Schauspiel im Land". Und 1803 empfahl sie der Zeller Arzt Wolfgang Oberlechner den Städtern als natürliches Spritzbad zur Heilung von Nervenschwäche, Schlafstörung und Wahnsinn. Bereits 1832 baute der ungemein rührige Pfleger Ignaz von Kürsinger, 1841 Erstbesteiger des Großvenedigers, einen Treppenweg zum untersten Wasserfall und dort je einen Unterstand für Touristen und Maler zum Schutz vor dem gischtenden Wasser. Doch erst 1879 reichten Finanzen und Einsicht in die touristischen Chancen zu einem Steig entlang den drei Wasserfällen.
Und der Alpenverein jubelte: „So wurde das köstlichste Kleinod der Alpen zu wahrer, vollständiger und klarer Darstellung gebracht."
Ein Fabrikant aus Wien hielt mehr von der ökonomischen Darstellungskraft: Er gedachte die Wasserfälle für eine betriebseigene Kraftquelle mit 19 Turbinen von zusammen 20 Megawatt Leistung anzuzapfen. Später entwarfen Kraftwerker im Krimmler Tal Stauseen mit bis zu 155 Millionen Kubikmeter Wasserinhalt und dazu Kraftwerke für jährlich 155 Millionen Kilowattstunden Strom. Organisierter Widerstand vereitelte alle diese verwegenen Pläne und der Nationalpark Hohe Tauern stellt sicher, daß sich niemand mehr an diesen Wasserfällen

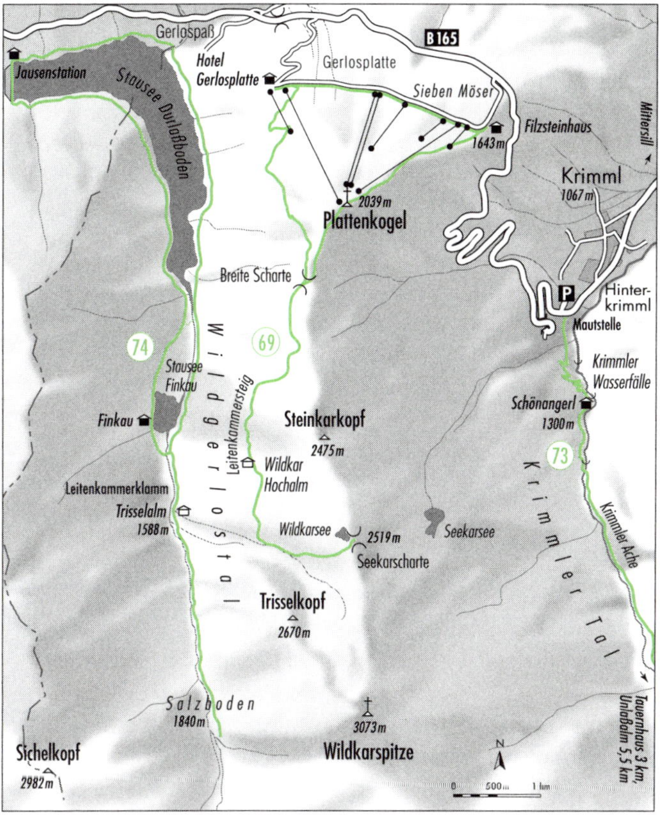


und am Achental vergreifen kann.

Auf dem markierten Weg Nr. 62 brauchen wir gut eine Stunde, ehe wir die 380 Meter Sturzhöhe der drei Katarakte – des höchsten Wasserfalls der Alpen und des fünften in der Weltrangliste – überwunden haben. Nach weiteren 100 Höhenmetern durch den engen Graben erreichen wir auf 1500 Meter Seehöhe den nahezu ebenen Talboden, das Donnern des stürzenden Wassers weicht dem Bimmeln von Vieh entlang dem für den öffentlichen Verkehr gesperrten Weg (Markierung Nr. 502) bis zum Tauernhaus.

Gut einen Kilometer vor diesem Ziel ist die Äußere Schachenalm einen längeren Blick wert. Sie wurde nämlich aus Mitteln des Nationalparks stilgerecht saniert und produziert ihre Butter (wie auch die Äußere Unlaßalm drei Kilometer weiter talein) im wassergetriebenen Butterfaßl. Das vermittelt uns eine Vorstellung von den „nomadisierenden Drechslern", die einst nahe den Almen ihre Drehbänke aufstellten und mit Wasserrädern antrieben. Berichte aus den Jahren 1845 bis 1891 vermelden, daß diese Handwerker „allerlei Geräthe aus herrlosem Holz herausarbeiten" und die Almen „mit gedrehten hölzernen Milchschüsseln" versorgen.

Saubere Almen, als Forschungsflächen geschützte Feuchtbiotope und die mit aus Steinen geschichteten oder bodenständig aus Stangen gesteckten Zäunen vor Vieh geschützten Almanger (hochwertige Mahden) machen den Marsch durch das Achental vor hochalpiner Szenerie recht kurzweilig. Das war beileibe nicht immer so vergnüglich und ungefährlich.

„Bergreisen" über den Krimmler Tauern, den mit 2633 Metern weitaus höchsten der acht Salzburger Tauernpässe, wurden registriert, seit man 1154 eine Fracht italienischen Weins auf Pferderücken über den Tauern für ein Großereignis hielt. Deshalb steht auch seit 1389 diese „Taverne" im Achental an der Wegscheide in das Zillertal und in das Ahrntal. Der Tauernwirt mußte für eine kräftige Dotierung durch den Erzbischof mittellose oder in Schwierigkeiten geratene Wanderer gratis speisen und unterbringen. Bei kaltem Wetter verlieh der Wirt sogar Wollzeug, Hauben und Handschuhe an seine Kostgänger für den Marsch hinüber zum Südtiroler Kasern, wo diese Ausrüstung für den Bedarf des Gegenverkehrs wieder abzuliefern war.

1551 baute Salzburg den 21 Kilometer langen Saumpfad von Krimml bis zum Tauern auf einen Meter Breite aus, damit nicht „Rinder, Roß und Wein zu Schaden" kämen.

Das ebnete 300 Jahre später den Bauern aus dem kargen Ahrntal den Weg zum Kauf von Almen im Achental, zu denen seither alljährlich Hunderte Rinder, Pferde und Ziegen in einem zuweilen halsbrecherischen Unternehmen getrieben werden. Ein ungemein buntes Bild ist der Almabtrieb Mitte Oktober, wenn Hirten und Vieh um drei Uhr früh den 14stündigen Rückweg über den Krimmler Tauern antreten – mit mehr als 1000 Höhenmetern Anstieg. Einige Male strömte auch das pure Elend durch das Krimmler Achental; so im Winter 1918/19 Tausende italienische und serbische Kriegsgefangene südwärts oder im Sommer 1945 an die 10.000 Mann der geschlagenen deutschen Wehrmacht nordwärts.

Und 1947 entdeckten jüdische Hilfsorganisationen den Krimmler Tauern als schlecht bewachtes Schlupfloch für den illegalen Exodus in das von den Briten gesperrte Palästina. Die Gendarmerie von Krimml verzeichnete im Sommer täglich bis zu 250 „katastrophal ausgerüstete" Überlebende des Holocaust, die aus Flüchtlingslagern nach Krimml gebracht und in zwei Tagen über den Tauern geschmuggelt wurden – insgesamt an die 8000 Menschen. Dieser Flüchtlingsstrom über den Tauern versiegte, als im Mai 1948 Israel entstand, das fortan niemand mehr auf Schleichwegen erreichen mußte.

Strengeren Charakter nimmt die Landschaft vom Tauernhaus südwärts entlang der Markierung Nr. 902 Richtung Warnsdorfer Hütte an. Das schlug 1872 dem Redakteur der damals führenden Alpinzeitschrift „Alpenfreund" derart aufs Gemüt, daß er schrieb: „Hätten die Griechen dieses Thal gekannt, sie hätten hierher ihre freudlose Unterwelt verlegt." Stück für Stück rückt nun das zerklüftete Krimmler Kees ins Blickfeld. Mit fast vier Kilometer Breite und fast 1500 Meter Höhenunterschied ist es der eindrucksvollste Gletscher im Land Salzburg. Er reichte noch 1982 bis auf den Talboden herunter. Mittlerweile ist das unterste Viertel abgeschmolzen.

Wir beenden unsere Wanderung durch das Achental bei der Inneren Unlaßalm – einen Kilometer jenseits der Abzweigung des Weges durch das Windbachtal zum Krimmler Tauern – und harren des Sammeltaxis zur Rückkehr nach Krimml.

## STEINREICHES WASSERSCHEICHTUM

*Längst peilen findige Köpfe in Salzburg mit dem Export des massenhaft überschüssigen Trinkwassers den Reichtum der Ölscheichs an. Allerdings hat der virtuelle Wasserscheich den unbezahlbaren Vorteil, daß Wasser bei uns nach der Art eines ökologischen Perpetuum mobile vorkommt; auch in der touristisch unangenehmen Form von Schnürlregen.*

*Die Krimmler Ache ist ein klassischer Gletscherbach, den 23 Eisfelder bedienen. Je nach Tageszeit schwankt die durchschnittliche Wasserfracht zwischen 20 (Mittag) und 35 Kubikmeter (Abend) pro Sekunde. Nehmen wir (wegen des Winters) 20 Kubikmeter als Mittelwert an, dann liefert diese Ache täglich rund 1,6 Millionen und im Jahr 584 Millionen Kubikmeter Wasser.*

*Eine verblüffende Gegenrechnung: Die 450.000 Einwohner Salzburgs verbrauchen pro Tag je 135 Liter Wasser; macht 60.750 Kubikmeter und rund 20 Millionen im Jahr. Davon rinnen zwei Prozent durch die Kehlen, 18 Prozent durch Geschirrspüler und Waschmaschinen, 31 Prozent durch Badewannen und Brausen und 32 Prozent durch die Klomuscheln. In elf Tagen (theoretisch!) deckt also die Krimmler Ache den jährlichen Wasserbedarf aller Salzburger.*

*Setzen wir den physiologischen Mindestbedarf des Menschen mit zwei Liter Wasser pro Tag (und 730 Litern pro Jahr) an, dann könnte (abermals theoretisch) die Jahresfracht der Krimmler Ache 27,000.000 Menschen ein Jahr lang versorgen.*

*Da in unserem Land Tausende Quellen nimmermüde bestes Trinkwasser sprudeln, hängen wir gar nicht der müßigen Frage nach, ob die Krimmler Ache auf dem Weg durch die Almen ihre hervorragende Qualität als Trinkwasser behält. Die Tauernkraftwerke beweisen nämlich mit einem Brunnen vor dem Krafthaus, daß in den Turbinen „abgearbeitetes“ Wasser spielend auf optimale Trinkqualität zu bringen wäre.*

*Sind also Naturschauspiele wie die Krimmler, die Sulzbacher oder die Badgasteiner Wasserfälle nicht pure Verschwendung von Trinkwasser? Falsch gefragt, solange die 450.000 Salzburger im Jahr 7,4 Millionen Kubikmeter Trinkwasser durch die Klomuscheln jagen. Das verlängert den Weg zum steinreichen Wasserscheichtum erheblich.*

## WILDE GERLOS 74

***Holzschwemme für den Zillertaler Goldbergbau***

*Zufahrt über die Gerlos zum Staudamm Durlaßboden. Start und zugleich tiefster Punkt 1460 m, Zielpunkt und zugleich höchster Punkt Salzboden 1840 m. Insgesamt 16 km, 400 Höhenmeter Anstieg, 5 Stunden Gehzeit.*

Wir starten bei der Jausenstation neben dem Staudamm und folgen dem gut erneuerten Rundweg um den Durlaßbodenspeicher. Am Standort des Dammes ging 1844 ein wirtschaftsgeschichtlich bemerkenswertes Ereignis in Szene. Erzherzog Franz Karl geruhte „zur Förderung der Holzschwemme" einer neuen Klause auf dem Durlaßboden „Höchstdero Namen" zu geben.

So einer Holzschwemme bedurfte der Zillertaler Goldbergbau dringend. Ehe nämlich die Eisenbahn den erschwinglichen Massentransport von Kohle zuließ – in Salzburg bis zum Eisenbahnboom von 1860 bis 1875 –, war Holz der einzige Energieträger für heizen, kochen und beleuchten. Nun fraß gerade der Bergbau massenhaft Wälder. Weil dafür der äußerst langsame Transport mit bescheidenen Fuhrwerken auf miserablen Karrenwegen nicht taugte, verfiel man schon Ende des Mittelalters auf das Klausen.

In Bergtälern wurden Dämme aufgeschüttet und mit Portalen versehen. Talauswärts wurden breite Schneisen aus den Wäldern geschlägert, die Stämme auf etwa 1,2 Meter lange „Drehlinge" zerkleinert und massenhaft in die Bachgräben abgelassen. Die Öffnung des Klaustores löste dann ein künstliches Hochwasser aus, das die „Drehlinge" bis zum Rechen am Bestimmungsort schwemmte.

So eine Klause stand auch an der Engstelle am „Durchlaß" der Wilden Gerlos; daher der Name Durlaßboden für die Almen bachaufwärts. Just dort eröffnete also der Erzherzog eine neue Klause, was die Bedeutung dieses Ereignisses dick unterstreicht. Der Chronist vermerkte, daß der Erzherzog mit einem Boot über den aufgestauten See gefahren sei und mit einem Hammer auf einen bestimmten Holznagel

geschlagen habe, „worauf das Klausenthor aufsprang und die Wassermasse in die Tife stürzte".
Man sieht also, daß Staudämme durchaus keine Erfindung des elektrischen Zeitalters sind. Und wo immer ein Orts- und Flurname „Klaus" enthält, stand ihm eine Klause Pate.
Da wir am Ostufer des Speichers südwärts wandern, sticht von den vergletscherten Reichenspitzriesen die linke Eiskuppe ins Auge – der Gabler. Selbst mit freiem Auge erkennt man eine riesige Spalte, die sich quer durch diesen Gletscher zieht. Sie läßt uns die Macht jener Kräfte erahnen, die auf einen Gletscher wirken: die Reibung am Untergrund in einem Flachstück und der verstärkte Zug talwärts an einer Bodenkante. Dort reißt dann eine Spalte auf.
Dieser Anblick beeindruckte auch Franz Michael Vierthaler bei seinen „Wanderungen durch Salzburg" (1816): „Der Reichenspitz schwebte wie ein ungeheures Wolkengebild in der Luft. Seine Größe und seine Form sind so imposant, daß sie selbst eine todte Phantasie zu beleben vermögen. Seit Jahrhunderten herrscht die Sage, daß der Reichenspitz von Geistern bewohnt werde, welche unerschöpfliche Gold- und Silbermienen bewachen. Tausende haben es schon versucht, durch Zauber und Beschwörung wenigstens eine Schale Goldes zu erhalten. Aber vergebens. Und die Wenigen, welchen es gelungen seyn mag, waren nur umso unglücklicher. Es ist nämlich ihr Los, nach ihrem Tode in den Berg hinein zum ewigen Frost verbannt zu werden."
Bis zum Gasthof Finkau im ersten Talbecken ist die Zufahrt mit dem Pkw gestattet. Weil dieser Verkehr erfahrungsgemäß erst zwischen neun und zehn Uhr anrollt, ist ein Start um acht Uhr ratsam. Jedenfalls verlassen wir vor der Brücke nach der Stauwurzel den Fahrweg, der nach rechts abschwenkt, und wandern an der Ostseite des Finkaubodens und des kleinen Stausees zum Ende des Talbodens. Dort treffen wir wieder auf den Fahrweg, dessen Kehren wir aber auf dem Wanderweg Nr. 540 entlang der Wilden Gerlos durch die Leitenkammerklamm 150 Höhenmeter hinauf zur nächsten Talstufe, der Trisselalm, folgen. Der markierte

Weg Nr. 540 schneidet die Umwege und Kehren des gesperrten Fahrweges zur Materialseilbahn ab, die eine gewaltige Steilstufe hinauf zur Zittauer Hütte ungleich rationeller überwindet als einst der Gütertransport durch Träger oder Muli.
Wir begnügen uns mit dem Anstieg bis zum Salzboden vor dem letzten Anstieg zur Seilbahn, denn was am Gerlosbach in diesem engen Kessel so wild ist, gewahrt man nirgendwo besser. (Der durchaus lohnende Hüttenanstieg käme insgesamt auf zusätzlich 500 Höhenmeter und 2,5 Stunden.)
Auf dem Rückweg kann uns etwas Verkehr zwischen dem Wirtshaus „Finkau" und der Stauwurzel des Speichers stören; doch an dieser Wegescheide halten wir uns geradeaus und wandern am Westufer des Stausees und zuletzt über die Dammkrone wieder zurück zum Ausgangspunkt.

# Nockberge

*Seenock, ein hervorragender Aussichtspunkt in den Lungauer Nockbergen.*

Die Lungauer Nockberge zählen gewiß zu den einsamsten Gegenden des Landes und bieten etliche der schönsten Kammwanderungen in Salzburg.

Hier an der Südgrenze des Lungaus verebbt das Hochgebirge in sanften Geländeformen. Die Orientierung in diesem übersichtlichen Bergland oberhalb der Waldgrenze ist so einfach, daß man mit Umsicht ohne weiteres auch weglos wandern kann – soferne uns stabiles Schönwetter lacht.

Vom Katschberg ostwärts zieht ein ausnehmend liebliches Bergland mit endlosen Almböden und sanften Kuppen bis zu 2400 Meter Gipfelhöhe ostwärts.

Das macht die Wanderung entlang der Grenze zwischen Lungau und Kärnten zu einem kurzweiligen Bergauf-bergab mit hinreißender Fernsicht: im Norden die Niederen Tauern und im Süden die Julischen Alpen in Slowenien und Friaul.

Da werden wir auch gewahr, warum der Lungau Österreichs Sonnenbecken heißt und das Dorf Mariapfarr mehr Sonnentage zusammenbringt als die Riviera: Die Nockberge schützen den Lungau gegen ohnehin seltene Übergriffe des schlechten Wetters vom Süden her, die Rolle des Regen-

schirms gegen das schlechte Nordwestwetter spielen die Niederen Tauern.
Charakteristisch für den gesamten Lungau und zumal für die Nockberge sind die Lärchen und beträchtliche Bestände an Zirben.
Da im Lungau nur Ramingstein nicht die 1000-Meter-Höhenschicht erreicht, durchsetzen Lärchen bereits ab den Tallagen zunehmend stark die Fichtenwälder und drängen ab etwa 1400 Meter die Fichten in die Minderheit.
Dem Kältestreß entgehen die Lärchen durch Abwurf der Nadeln, weshalb sie den Lungau im Frühjahr in einen hellgrünen und dann im Herbst in einen goldgelben Schleier hüllen.
Die Zirben schaffen Höhen bis an die 2000 Meter, weil ihre dunkelgrünen Nadeln Minustemperaturen bis zu 40 Grad trotzen.
Dem Höhenwanderer bietet somit der Lungau ein hervorragendes Revier.
Zudem bringt es die Pracht der gelben Lärchen im „goldenen Oktober" unter tiefblauem Himmel auf eine Steigerung, die weitum ihresgleichen sucht.

## STÖCKLALM 1757 m 75

***Das verwaiste Durchhaus der touristischen Nomaden***

*Anfahrt über St. Michael auf den Katschbergpaß.*
*Start und zugleich tiefster Punkt Katschbergpaß 1641 m, Ziel Stöcklalm 1757 m, höchster Punkt Gontalscharte 1911 m.*
*Insgesamt 14 km, 550 Höhenmeter Anstiege, 4,5 Stunden Gehzeit.*

Man sieht dem Katschberg als einem im Sommer verwaisten Durchhaus für touristische Nomaden nicht an, daß hier in der Hochkonjunktur vor dem Dreißigjährigen Krieg jährlich annähernd 3500 Gütertonnen – etwa ein Drittel des transalpinen Handels über den Ostalpenkamm – vorwiegend auf Pferderücken vorbeischaukelten.
Vor der Entdeckung Amerikas und des Seeweges nach Indien waren nämlich die Alpenpässe buchstäblich auch „Engpässe" des Welthandels. Damals lagen nicht Meere, sondern die Alpen zwischen den wichtigsten Märkten der Welt: dem Norden Europas und dem Mittelmeerraum. Im Norden stei-

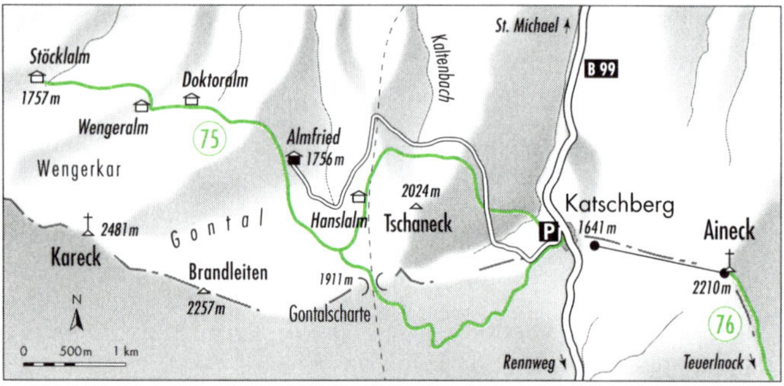


gerten die wachsende Konsumkraft der Städte und üppiges Leben an den Höfen die Nachfrage nach Gütern des gehobenen Bedarfs. Und die bot die Seemacht Venedig aus seinem Hinterland und dank seinem Handelsmonopol mit dem Orient: Südfrüchte, Weine, Gewürze, Seiden und Drogen. Dafür bezahlte der Norden mit Salz, Gold, Arsenik, Holz, Bernstein und Pelzen.

Der im 18. Jahrhundert ohnedies schrumpfende Fernhandel über den Katschberg endete schließlich mit dem Eisenbahnzeitalter. Bis zum Bau der Autobahn blieb der Katschberg nur mehr ein Schrecken aller Autofahrer – wegen der in den Ostalpen mit 33 Prozent schärfsten Steigung nach der Turrach mit 35 Prozent.

Joseph Benedikt Hueber, der 1786 die erste Beschreibung des Lungaus verfaßte, erlebte den Katschberg völlig anders: „Mitten auf dem Katzberge ist die Gränze, wo die Fuhrleute ihren Vorspann entlassen. Hier und auf dem Radstadtertauern muß ein Güterwagen, den sonst in der Ebene zwey Rosse ziehen, gewiß vier Paar Ochsen oder Pferde anspannen. Hier geht die Strasse von Triest und Villach her. In Winter ist das Kommerz noch stärker, denn es stoßt oft ein Schlitten an den anderen. Demnach giebt es im betreffe des Ausweichens viele Ungelegenheiten. Die Fremden thun sehr klug, wenn sie die Reise zur Mitternacht antretten, wo ihnen Mond und Schnee leuchten."

Wir wandern von einem der Parkplätze auf der Paßhöhe auf einer Straße südostwärts auf den riesigen Skihang des Tschanecks zu, schlagen nach etwa 400 Metern in einer Rechtskurve die mit Nr. 19 markierte Abzweigung nach links ein, halten uns nach knapp einem Kilometer in einer scharfen Rechtskurve nochmals links an der Südseite des Tschanecks herum zur Gontalscharte. Damit haben wir auch schon die größte Anstrengung hinter uns. Denn jetzt wandern wir nach der Markierung Nr. 18 sanft bergab in das Gontal, einen mit Zirben durchsetzten riesigen Almkessel.

Jenseits des Kaltenbaches, der das Gontal entwässert, steigen wir über eine gewaltige Bodenwelle, hinter der spärliche Reste von Knappenhütten an den aufgelassenen Goldbergbau erinnern. Trotz durchschnittlicher Jahreserträge von lediglich zwei Kilo Gold rentierte sich diese Goldquelle, denn sie floß immerhin von 1354 bis 1818.

Jenseits dieses verfallenen Bergbaus zweigt in einer scharfen Rechtskehre nach links (westwärts) der markierte Weg Nr. 37 ab, der durch Wald über die Doktoralm zur Wengeralm im düsteren Wengerkar und dann abermals durch Wald um einen Riedel herum zur idyllischen Stöcklalm im weiten Kessel des Walischkars führt.

Bei der Rückkehr halten wir uns vorerst bis in das Gontal an den Hinweg – und schenken beim Blick ins Tal einer landschaftlichen Rarität gebührende Aufmerksamkeit: den Mäandern der Mur, die österreichweit ihresgleichen suchen. Bis in die 70er Jahre des 19. Jahrhunderts wand sich die Mur von Schellgaden bis Tamsweg durch das breite Tal, dessen Boden alljährlich mehrmals unter Hochwasser stand. Die Nöte der Menschen und dringender Bedarf an Ackerland erzwangen schließlich die Regulierung dieses Flusses, dessen Länge auf diese Weise zwischen St. Michael und Tamsweg glatt halbiert wurde. Das trug den Einheimischen nicht weniger als fünf Quadratkilometer Ackerland ein – ein Zuwachs für die Lungauer Anbaufläche um fast 20 Prozent. Die Bedeutung dieses Gewinns ist daran zu ermessen, daß einst annähernd 400 Lungauer als „Sauschneider" (Viehkastrierer) den Sommer über in das halbe Europa aus-

pendelten, weil der karge Heimatboden nicht alle Mägen füllen konnte.
Auf halbem Weg zwischen Kaltenbach und Gontalscharte zweigt der Weg Nr. 18 nordwärts (nach links) ab und führt uns anfangs etwas ansteigend an der weithin auffallenden Hanslalm vorüber nordseitig um das Tschaneck zurück auf den Katschberg.

## KÄRNTNER GRENZWEG

**76**

***Auf den Spuren der Römer, der Slawen und der Bayern***

*Anfahrt über St. Michael auf den Katschbergpaß. Soll die Rückkehr vom Ziel, der Mehrl-Hütte im Schönfeld, nicht auf den eher komplizierten und zeitaufwendigen Einsatz eines zweiten Pkw angewiesen sein, empfiehlt sich die zeitgerechte Information über den Bus- oder Taxiverkehr unter Tel. 06477/8988-0 oder 06474/6070.*
*Start Bergstation der Sesselbahn auf dem Aineck 2211 m (Info Tel. 06477/8040), höchster Punkt Schwarze Wand 2214 m, tiefster Punkt Lausnitzsattel 1689 m, Ziel Dr.-Josef-Mehrl-Hütte 1720 m (Tel. 04736/375).*
*Konditionell anspruchsvolle Wanderung über insgesamt 18 km, 750 Höhenmeter Anstiege, 1200 Höhenmeter Abstiege, 6,5 Stunden Gehzeit.*

Den Katschberg verlassen wir ostwärts mit der Sesselbahn auf das Aineck. Auf diesem eigenartig platten Gipfel mit grandioser Rundsicht vom Dachstein bis zum Triglav beginnen wir unseren Marsch mit dem sanften Abstieg südwärts über den breiten Rücken zum Teuerlnock und dann ostwärts hinunter über die Lausnitzhöhe zum flachen Lausnitzsattel. Diesen tiefsten Punkt (1689 m) unserer Wanderung hatten die Römer dem Katschberg als Übergang von Kärnten in den Lungau vorgezogen. Im Jahr 202 bauten Legionäre die Römerstraße, eine mit Steinplatten gepflasterte Fahrbahn von 2,5 Meter Breite, mit 50 Zentimeter hohen Randsteinen begrenzt und durchschnittlich nur acht Prozent steil. Beschriftete Säulen zeigten jede Meile (= 1700 m) an. Die Römer bewiesen ihre Meisterschaft im Straßenbau

mit einer durchdachten Trassierung, die im Vergleich zum mittelalterlichen Karrenweg über den Katschberg Schatten und Steilstücke mied.
Kaum zehn Minuten weiter östlich wechseln wir kurz vor der gemütlichen Bonner Hütte auf Kärntner Boden über, der jedoch wie das ganze alte Pfleggericht Gmünd bis in das 16. Jahrhundert salzburgisch war.
Vom gemütlichen Rastplatz vor dieser Hütte wandern wir auf dem markierten Weg Nr. 112 erst 500 Meter weit auf der Fahrstraße südwestwärts hinunter, dann südwärts abzweigend hinauf auf die Ebenwaldkuppe und 100 Höhenmeter hinunter in den Blareitgraben und im Zickzack hinauf zur weithin sichtbaren Lausnitzalm. Sie ist ein Lehrstück an slawischer Bauweise: kleines Haus mit steilem Dach und getrennt von den Ställen – das Gegenstück zum bajuwarischen Almentyp: große Hütte mit flachem, steinbeschwertem Schindeldach und darunter Wohnplatz und Stall.
Von der Lausnitzalm südwärts geht es – vorüber am einsamen Lausnitzsee – bergauf zur breit gelagerten Schwarzwand mit dem riesigen Steinmann auf dem höchsten Punkt. Nun folgt eine Kette von kleinen Erhebungen und idyllischen Bergseen in den Senken dazwischen. Von der Schwarzwand gehen wir südostwärts hinunter über einen breiten Rücken zu einer Seenplatte, vor der uns von rechts der Kärntner Grenzweg (Nr. 113) zwar in die Quere, gleichwohl wie gerufen kommt.
Südlich des Rückens von Kameritzhöhe, Gaipa und Zechnerhöhe dehnen sich kilometerweit Böden der „blutigen Alm" mit ihren vielen Hütten. Hier schildert eine Sage die Besiedlungsgeschichte des Lungaus an der Grenze zwischen Slawen und Bajuwaren: Nach der Völkerwanderung nahmen Slawen den Lungau in Besitz. Den machte ihnen der Bayernherzog Diet streitig. Mit Ehefrau Gleistrade und Soldaten fiel er im Lungau ein und stieß bis zu dieser Hochfläche vor. Dort stellten ihn die Slawen, töteten ihn und seine Gemahlin und schlugen das Heer der Bayern so vernichtend, daß das Blut der Toten den Almboden rot färbte. Auf der Flucht nordwärts begruben die wenigen Überlebenden

den Herzog und seine Frau noch eilig in St. Michael. Derart gewitzt kehrten die Bajuwaren erst Jahrzehnte später friedlich zurück und vermischten sich mit den Slawen, deren tiefe Spuren im Lungau die Kulturgeschichte Salzburgs erheblich bereichern.
Genug des Blutvergießens – wir wandern weiter auf dem Höhenrücken zur Mattehanshöhe und 350 Höhenmeter hinunter zur Mehrl-Hütte im Schönfeld.

## LENZENBÜHEL 2106 m 77

***Baumlos, weglos, aber nicht kopflos wandern***

*Anfahrt über St. Margarethen und Bundschuh in das Schönfeld.*
*Start Dr.-Josef-Mehrl-Hütte 1720 m, höchster Punkt Lenzenbühel 2106 m, tiefster Punkt und Ziel Hochofen in Bundschuh 1340 m.*
*Insgesamt 9 km, 400 Höhenmeter Anstieg, 800 Höhenmeter Abstieg, 3,5 Stunden Gehzeit.*
*Im Kammbereich ist diese Wanderung auf einer baumlosen Strecke von annähernd 4 km weglos, jedoch bei etwas Umsicht dank markanter Orientierungspunkte ohne Schwierigkeiten zu meistern. Voraussetzung ist allerdings unbedingt stabiles Schönwetter.*

Bei der Mehrl-Hütte gehen wir gleich das mühsamste Stück der ganzen Wanderung an: auf markiertem Weg westwärts parallel zum Schlepplift 350 Höhenmeter auf die Mattehanshöhe. Dort schwenkt der Weg nordwärts und folgt dem Kamm über Rasenböden.
In diese Gegend paßt das Stimmungsbild, das uns der Topograph Joseph Benedikt Hueber 1786 zeichnete: „Jährlich kommen Wölfe über die Kärnthnerischen Gränzen her und lassen Spuren ihrer Grausamkeit zurück, worauf auf sie eine allgemeine Jagd gemacht wird. Nicht selten durchbrummt auch der zotichte Bär die Alpen Lungaus. Das größte Ansehen unter den geflügelten Räubern macht der große Gämsgeyer. Er durchstreicht die hohe Luft von einem Berge zum andern. Kein junges Gämschen, kein Lämmchen, ja wohl kein Hirtenknab ist ihm zu schwer."

Nach knapp einem Kilometer erreichen wir die Senke vor dem moderaten Aufschwung auf die Zechnerhöhe. Hier verlassen wir den markierten Weg nordwärts, überqueren einen Almboden und steuern gerade auf den Lenzenbühel zu, der nach Osten in das Schönfeld sehr steil abbricht. Entlang diesem Abbruch zieht vom Lenzenbühel ein breiter Rücken nordwärts zum Wirtsnock. Auf diesem Rücken wandern wir knapp einen Kilometer nordwärts in eine flache Senke, drehen dort nach links (nordwestwärts) ab und wandern hinunter der Pichlbaueralm zu. Hier kommen wir wieder auf einen (nicht markierten) Almweg, der uns durch ein Waldstück zur Thomannbaueralm leitet und sich dort zu einer Forststraße verbreitert, der wir einen Kilometer weit entlang dem Gaipabach über eine Brücke und dann an der Weggabel rechts bis zur scharfen Kurve am ausgeprägten bewaldeten Kamm folgen. Dort quert ein alter Almweg, dem wir nach rechts über zwei Kehren hinunter zur Grallalm (Wildbach-Staumauer!) und weiter zur Forststraße und nun noch 1,5 Kilometer weit bis zum Hochofen in Bundschuh folgen. Man sollte dort die Möglichkeit nützen, das aus-

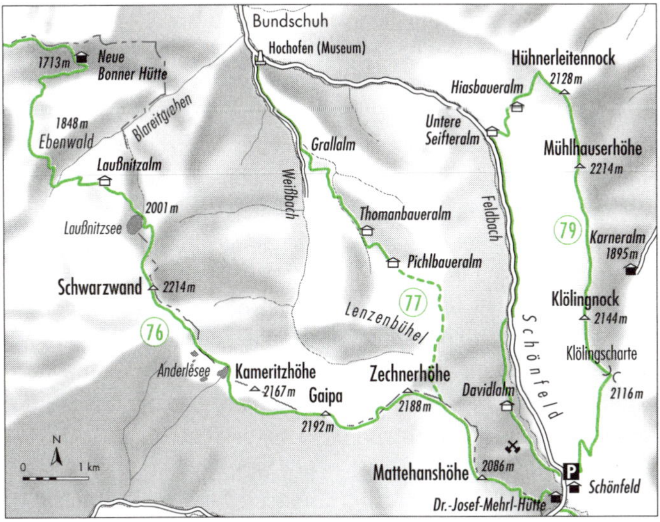

gezeichnete Museum über die Geschichte des Bergbaus und der Verhüttung in dieser Region zu besuchen.

## FRIESENHALS 78

***Durch das Eisenrevier im südlichen Lungau***

*Anfahrt über St. Michael und Bundschuh in das Schönfeld. Start und zugleich tiefster Punkt 1730 m, höchster Punkt Seenock 2260 m, Ziel Eisentalhöhe 2180 m.*
*Insgesamt 13 km, 750 Höhenmeter Anstiege, 5 Stunden Gehzeit.*

Ein Rundblick durch das Schönfeld erklärt sofort den Anlaß für den Bau der Dr.-Josef-Mehrl-Hütte im Jahr 1936: ein idealer, romantischer und abgeschiedener Stützpunkt für eine Skitouren- oder Wanderwoche in diesem einsamen Hochtal. Im Zeitalter der Vollmotorisierung sind die Bedeutung dieser Hütte und die Mühsal des Anmarsches kaum noch abzuschätzen: zwölf Kilometer Entfernung und 1100 Höhenmeter ab der nächstgelegenen Bahnstation in Ramingstein oder 13 Kilometer und 800 Höhenmeter von der nächstgelegenen Busstation in Kremsbrücke. Überdies war das touristische Handgepäck im Rucksack mitzuschleppen; und im Winter kam noch die Skiausrüstung dazu.
Wir beginnen bei der Mehrl-Hütte im Schönfeld neun Kilometer hinter Bundschuh und wandern Richtung Rosaninalm, der Fortsetzung des Schönfelds nach Süden. Doch schon nach 300 Metern biegen wir vom Weg Nr. 126 scharf nach rechts auf einen Almweg ab, der nach ungefähr 600 Metern durch einen Zirbenwald in den markierten Weg Nr. 125 mündet. Diesem folgen wir über zwei Kehren eher scharf bergan auf das Stubennock. Dabei durchmessen wir ein bedeutendes Bergbaugebiet, von dem nur mehr der Flurname „bei den Knappen" übrig geblieben ist.
Führen wir uns nochmals den weiten Zugang zur Mehrl-Hütte aus dem Murtal und dem Liesertal vor Augen; da dämmert zumindest die Ahnung, wie hart und unromantisch das Leben der Knappen in dieser Gegend zur Hochblüte des Bergbaus im 17. Jahrhundert war: Gruben (und

„Knappenhäuser") in Höhen zwischen 1700 und 2000 Metern sowie Transport des Hauwerks zur Verhüttung nach Kremsbrücke oder nach Bundschuh. Von diesen beiden „Industriezentren" in elender Einschicht ging dann das Eisen zur Verarbeitung weiter nach St. Andrä im Lungau, nach Mauterndorf oder nach Gmünd.
Aus der Nordwestflanke des Stubennocks holten im 17. Jahrhundert rund 20 Knappen vor Ort im Jahresdurchschnitt an die 500 Tonnen Eisen und verbrauchten dafür jährlich gut 30 Hektar Wald. Das erklärt, warum bereits 1541 in Kremsbrücke der erste Hochofen Österreichs angeblasen wurde. Erheblich jüngeren Datums ist der Hochofen in Bundschuh, der ebenfalls Erz aus dem nahen Umfeld der Mehrl-Hütte verarbeitete. Heute dient dieses Industriedenkmal als sehenswertes Montanmuseum, das den Montanschaupfad auf dem Schönfeld ergänzt.
Die Härten dieses Lebens erklären wohl das Urteil des Topographen Lorenz Hübner im Jahr 1796: „Der Lungauer ist eigensinnig, starrköpfig, unge-

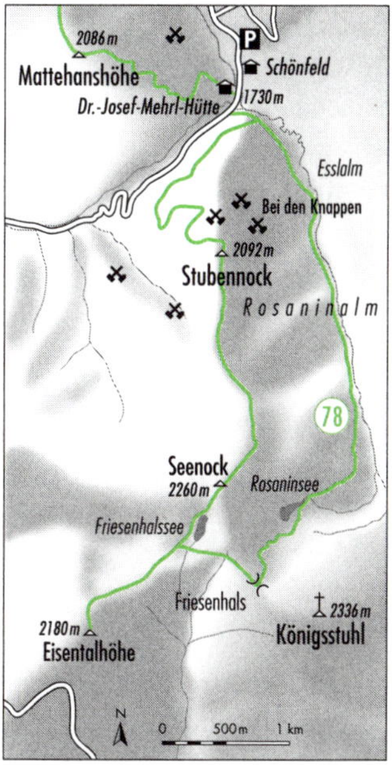


schliffen und grob. Die Wohnungen sind meistens unrein, unbequem und schlecht. Die Reinlichkeit ist überhaupt des Lungauers Sache nicht. Man trifft unter 100 Bauernhäusern nicht 5 an, welche ein heimliches Gemach (= Klo) haben; die Entladungen geschehen dann alle unter freyem Himmel hinter dem Hause. Die Bauern und einige Bürger waschen nicht mit Aschenlauge, sondern mit Urin, welcher in eigenen Weikfrenten (= Einweichschaff) gesammelt wird. In diesen wird das Leinenzeug

erweichtet und dann mit Asche ausgewaschen, welches manchmal so nachläßig geschieht, daß die scharfe Ausdünstung der animalischen Lauge noch lange Zeit an der Wäsche des Bauern riecht."
Vom Stubennock wandern wir über den breiten grasigen Rücken weiter auf das Sauereggnock und durch zwei flache Senken im Kamm zum großen Gipfelkreuz auf dem Seenock. Jetzt wagen wir den weglosen Abstieg südwärts am Friesenhalssee (rechts) vorbei zu einer Gabel, an der die markierten Wege Nr. 118 und 122 zusammenkommen. Wir nehmen die 122 für den kurzen Anstieg auf die Eisentalhöhe, einen prächtigen Aussichtspunkt an der großartig in die Falten der Berglehnen gelegten Nockalmstraße.
Den Rückweg treten wir auf dem gleichen Weg an, folgen dann aber der Markierung Nr. 118 ostwärts unterm Seenock vorbei leicht bergan in den Friesenhals. Der hat weder mit einem deutschen Volksstamm noch mit der Anatomie zu tun: Friesen kommt von frieren und Hals bedeutet Scharte.
Auf dem Friesenhals wenden wir uns nordostwärts und folgen dem markierten Weg Nr. 126 erst flott bergab in einen weiten Kessel und dann die Rosaninalm hinaus zum Ausgangspunkt.

## MÜHLHAUSERHÖHE 2214 m — 79

***Der beste Rundblick über den ganzen Lungau***

*Anfahrt über St. Michael und Bundschuh in das Schönfeld. Start und Ziel ist der Parkplatz zwischen den beiden Skiliften 1740 m, höchster Punkt die Mühlhauserhöhe 2214 m, tiefster Punkt die Untere Seifteralm 1596 m.*
*Insgesamt 13 km, 700 Höhenmeter Anstieg, 5 Stunden Gehzeit.*
*Diese Wanderung bietet bei stabilem Schönwetter keine Schwierigkeiten, obwohl sie in der Almregion streckenweise weglos und ohne Markierung verläuft.*

Nach dem Start wechseln wir auf die westliche Talseite und schenken dem Abhang der Mattehanshöhe direkt vor uns Aufmerksamkeit. Dort wurden nämlich zwei Bergbauruinen

saniert und zur Besichtigung freigegeben. Das rechteckige und aus Gründen der Sicherheit abseits errichtete Gebäude ist der Pulverturm, das andere die Knappenstube. Wir wandern nun nordwärts gut zwei Kilometer auf einem Almweg vorbei an der Davidlalm bis zur Mündung in die Straße und auf dieser nochmals leicht fallend rund 2,5 Kilometer bis zur Unteren Seifteralm, bei der das Hochtal nach Westen dreht.
Hier zweigen wir nach rechts (ostwärts) ab, überqueren gleich oberhalb der Alm ein Bächlein und wählen an der Weggabel den linken Weg, der gut 200 Höhenmeter durch den reichen Bestand von Zirben zur Hiasbauernalm leitet. Jetzt steigen wir direkt in der Fallinie nordostwärts über eine Grasleiten weglos im Zickzack 200 Höhenmeter auf den breiten Rücken, der uns nach rechts (südostwärts) auf das Hühnerleitennock weist, einen großartigen Ausguck über den ganzen Lungau.
Der weitere Weg südwärts bietet sich von selbst an: immer auf dem grasigen Rücken erst hinauf auf die Mühlhauserhöhe, dann sanft an die 100 Höhenmeter hinunter bis zur Liftstation hoch über der Karneralm, weiter auf undeutlichem Steig mit Markierungstupfen über das Klölingnock in die Klölingscharte und fortan auf dem markierten Weg südwestwärts hinunter zum Parkplatz auf dem Schönfeld.
Wem der Sinn nicht nach einer Talwanderung und einem teilweise weglosen Anstieg über eine Grasleiten steht, dem bietet sich diese Alternative an: Anstieg vom Parkplatz in die Klölingscharte und von dort Kammwanderung zum Hühnerleitennock und zurück. Das spart gut 100 Höhenmeter Anstieg und annähernd eine halbe Stunde Weges.

## „GSTÖSSHÖHEWEG" 80

***Im Revier der „Speikgräber" an der steirischen Grenze***

*Anfahrt über Ramingstein und durch den Mislitzgraben zur Karneralm.*
*Start Karneralm 1693 m, höchster Punkt Kleiner Königstuhl 2254 m, Ziel und zugleich tiefster Punkt Ramingstein 974 m.*
*Insgesamt 10 km, 450 Höhenmeter Anstiege, 1300 Höhen-*

*meter Abstieg, 4 Stunden Gehzeit.*
*Besondere Charakteristika dieser Wanderung sind ein kurzer Anstieg und ein flotter Abstieg über 900 Höhenmeter auf dem letzten Streckendrittel. Eine zeitgerechte Information über die Möglichkeiten des Transports zur Karneralm sind dringend anzuraten (Info Tel. 06475/805-43).*

Aus der weiten Wanne der Karneralm steigen wir nordostwärts auf dem markierten Weg zwischen Wochenendhäuschen hindurch in großem Bogen über die Mislitzscharte südostwärts auf den Kleinen Königstuhl. Beim Gipfelkreuz weist uns ein Zeiger mit der Aufschrift „Gstößhöheweg" ostwärts auf eine herrliche Kammwanderung. Erst steigen wir ein kurzes Stück durch Geschröf hinunter in eine Senke und dann noch etliche Meter bergan auf das Feldernock. Hier dreht der breite Rücken nordostwärts. Dieser leitet uns fünf Kilometer weit über einige Geländehöcker und sanft 250 Höhenmeter abfallend zur Gstößhöhe und in einem Bogen südwärts zur Heinererhütte an der Waldgrenze.

Ein Blick zurück auf die Lungauer Nockberge läßt erahnen, welch großartiges Revier diese Grasberge für den Skibergsteiger sind, weil die Bauernwiesen so häufig in Almböden übergehen.
Dies war auch das Revier der längst vergessenen „Speikgräber", die einst Unmengen dieser herb duftenden Pflanze ausgegraben und verkauft haben. Der Salzburger Geschäftsmann Sigmund Haffner, ein freigebiger Förderer Mozarts, handelte ebenfalls mit Speik, der als Heilkraut, Räucherwerk und Zusatz zu Seifen und Bädern bis in den Orient und nach Westafrika verkauft wurde. Noch 1918 verhieß ein Inserat in einer Wiener Zeitung: „Speik 500 Faß à 50 kg greifbar, ab steierischer Station, auch fürs Ausland sofort zu verkaufen."
Vor den bösen Folgen dieses Geschäfts warnte allerdings schon 1791 der Laibacher Medizinprofessor und Naturwissenschafter Belsazar Hacquet de la Motte, der alpinistische Entdecker der Ostalpen: Speiksammler wühlen Berghänge um, worauf „Regengüsse auf ewig ganze Strecken

entblößen, wo also nicht der geringste Anflug von Pflanzen mehr statthaben kann und ein wenig fremdes Geld dem Land dreymal mehreren Schaden zufügt".

Hacquet hinterließ uns unter Dutzenden Publikationen auch ein Büchlein mit alpinistischen Ratschlägen. Darin plädiert er für „unbeweibte Bergreisende", weil „längere Abwesenheit von dem schönen Geschlechte macht, daß dieses Gewohnheiten annimmt, die dem häuslichen Frieden nicht förderlich sind".

Bei der Heinererhütte überlassen wir unsere Beine dem Zug der Schwerkraft auf dem markierten Weg nordwestwärts zur Mühlhauseralm und von dort in einem scharf westwärts ausholenden Bogen hinunter in das Mislitztal und nach Ramingstein.

# Die grünen Wegweiser

Clemens M. Hutter

## Gruselwandern in Salzburg

***Geister, Hexen, Zauberer***

216 Seiten, zahlr. Duplexabb. und Karten, kart.
ÖS 248,–/DM 34,–/SFr 32,50
ISBN 3-7025-0407-9

Der Hexenwahn löste in Salzburg im 16. und 17. Jahrhundert drei schreckliche Wellen von Verfolgung aus. Darunter war die Zauberer-Jackl-Hysterie mit 139 Opfern eine der blutigsten Hexenjagden im deutschen Sprachraum. Entgegen häufiger Annahme betraf dieser Wahn nicht nur Frauen. In Salzburg waren die Opfer zu fast drei Viertel Männer.

Diese Vorgänge muten uns heute an wie ein gigantisches Gruselkabinett. Dokumente, Sagen, Gebäude oder Flurnamen halten die Erinnerung an zahlreiche Schauplätze dieses düsteren Kapitels unserer Landesgeschichte fest. Dieses Buch weist in 60 Routen zu solchen Schauplätzen und erläutert dabei die Ursachen, Regeln und Hintergründe dieses Grauens.

**VERLAG ANTON PUSTET**

# *Die grünen Wegweiser*

Clemens M. Hutter

## *StadtWandern in Salzburg*

***Epochen, Raritäten, Landschaft***

256 Seiten, zahlr. SW-Abb.,
16 Farbtafeln, kart.
ÖS 250,–/DM 34,50/SFr 33,–
ISBN 3-7025-0377-3

„Das ist natürlich ein Irrtum, wenn ihr meint, Salzburg zu kennen. Es ist die geheimnisvollste Stadt auf deutscher Erde." In Anlehnung an dieses Zitat Hermann Bahrs geleitet dieser Band auf wenig bekannten Wegen durch die Stadt und ihr Umland, stellt Raritäten und landschaftliche Besonderheiten vor. Kompetent und belesen führt Clemens M. Hutter durch die mittelalterliche Stadt, verweist etwa auf einem Spaziergang über den Kapuzinerberg in die Altstadt kundig auf lateinische Inschriften und informiert auf ausgiebigen Runden entlang der Glan und des Almkanals über die Salzburger Wirtschaftsgeschichte. Den Abschluß der Touren durch Kultur und Historie der Region bilden einige lohnende Abstecher auf die Berge rund um die Stadt.

**VERLAG ANTON PUSTET**

# *Die grünen Wegweiser*

Georg Rohrecker
*ErlebnisWandern rund um Salzburg – Flachgau*

204 S., 37 Karten, 25 Farbabb., kart.
ÖS 248,–/DM 34,–/SFr 32,50
ISBN 3-7025-0358-7

Georg Rohrecker
*ErlebnisWandern Tennengau*

168 S., zahlr. Farbabb. u. Karten, kart.
ÖS 248,–/DM 34,–/SFr 32,50
ISBN 3-7025-0387-0

Clemens M. Hutter
*ErlebnisWandern Pongau*

176 S., 12 Farbtafeln, Karten, kart.
ÖS 198,–/DM 27,50/SFr 26,50
ISBN 3-7025-0403-6

Clemens M. Hutter
*ErlebnisWandern Lungau*

120 S., 12 Karten, 16 Farbtafeln, kart.
ÖS 148,–/DM 20,–/SFr 20,–
ISBN 3-7025-0360-9

**VERLAG ANTON PUSTET**